- SEI FREI, BLEIB FREI -
Band 1

Jünger sein um Jünger zu machen

von Thierry Kopp

© Copyright 2020 - Thierry Kopp
Dépôt légal : 4ème Trimestre 2020

ISBN : 978-2-9536087-3-1
Edition HM TRANSFORMATION
6, rue de la ferme, 67110 Niederbronn les Bains, France

www.signes-miracles.com

Printed in Poland
Wydawnictwo ARKA
Błogocka 28
43-400 Cieszyn, Polska
www.arkadruk.pl

Umschlaggestaltung; http://www.organicdesign.ch/

Inhaltsverzeichnis

Vorwort.   *5*

Einleitung.   *7*

Kapitel 1.   *35*
Warum sollen wir Jünger sein und zu Jüngern machen ?

Kapitel 2.   *77*
Was ist ein Jünger ?

VORWORT.

Die Welt wartet auf die Offenbarung der Söhne Gottes, die vom Heiligen Geist geleitet werden.

Die Söhne aber werden erzogen im Wort und im Geist. Unsere Gefahr in Europa ist es, dass wir Abkürzungen lieben. Gemeinde ist eben nicht nur der Ort, wo Gottes Wort verkündet wird, sondern geistliche Familie entsteht.

Wir entdecken in der Bibel zwei Hauptbefehle: Den Vermehrungsbefehl von Gen 1,28 und den Jüngerschaftsbefehl von Mt 28. Der Befehl: Seid fruchtbar und mehret euch und füllet die Erde und machet sie euch untertan hat sich mit dem Kommen Jesu nicht verändert. Er sagte: Gehet in in alle Welt und machet zu Jüngern alle Völker...

Jesus gab uns keinen Bekehrungsbefehl, sondern einen Jüngerschaftsbefehl und der bringt Vermehrung der Familie Gottes. Aber frage dich, ob du selbst in diesen Befehlen Gottes lebst?

Schon im Teenageralter sprach Gott mit mir, dass er seine Gemeinde von reiner Plattformkultur in Jüngerschaft umbauen möchte. Mein ganzes Leben ist der Jüngerschaft gewidmet in der Kraft des Heiligen Geistes.

Jüngerschaft ist die fröhliche Einladung Gottes alles zu verlieren, um alles zu gewinnen!

Vorwort.

Jünger Jesu zu sein bedeutet Belehrbarkeit und sofortigen fröhlichen Gehorsam der Stimme des Heiligen Geistes zu gehorchen und Jesu Werke zu tun.

Jüngerschaft bedeutet, dass wir unser Leben niederlegen, damit Gottes Leben im Geist in der nächsten Generation hervorkommen kann. In der Jüngerschaft ziehen wir Menschen nicht zu uns, sondern wir erziehen sie in der Kraft des Geistes zu Nachfolgern Jesu. Das ist unsere Leidenschaft!

Thierry Kopp nimmt uns in diesem Buch an die Hand, das Gottes Befehl in deinem und meinem Leben Wirklichkeit werden kann! Ich habe ihn selbst als leidenschaftlichen Jüngermacher erlebt - sein Herz brennt dafür. Möge Gottes Leidenschaft in ihm auf dich überspringen, dass du nicht mehr ohne Jünger angetroffen wirst. Mögen die Enden der Erde mit radikalen Nachfolgern Jesu erfüllt sein, die die Botschaft vom Königreich Gottes in die Nationen bringen!

***Monika Flach**,*
Leiterin von Kingdom Impact, einer prophetisch- apostolischen Dienstgemeinschaft mit internationalem Schulungsdienst und Gebetshaus

Einleitung.

Vielen Dank, dass Sie sich dieses Buch besorgt haben. Ich bin davon überzeugt, dass es die Fähigkeit besitzt, Ihr Leben zu verändern. Es ist mein Gebet, dass Ihr Leben dadurch beeinflusst wird und Sie beim Lesen dieses Buches Offenbarungen vom Herrn empfangen werden. Wenn Sie diese in die Tat umsetzen, wird Ihr Leben, an dem Ort, wo Sie sind, einen Unterschied machen.

Im Verhältnis zu all dem, was ich bisher verfasst habe, stellt diese Buchreihe das wichtigste Werk meines Lebens dar.

Kennen Sie diesen Gedanken : „Wenn ich das nur früher gewusst hätte, wäre mein Leben völlig anders verlaufen." ?

So ist es auch mit den Inhalten, die ich in dieser Reihe mit Ihnen teilen werde. Wenn ich zu Beginn gewusst hätte, was ich heute mit Ihnen teile, hätte mein Leben viel mehr Frucht gebracht und das Umwandeln in Sein Ebenbild wäre deutlich schneller verlaufen.

Aber ich habe nichts zu bereuen. Ich mache es wie Paulus. Ich schaue nicht auf das, was hinter mir liegt, ich schaue nach vorn.

Geschwister, ich bilde mir nicht ein, das Ziel schon erreicht zu haben. Eins aber tue ich : Ich lasse das, was hinter mir liegt, bewusst zurück, konzentriere mich völlig auf das, was vor mir liegt, und laufe mit ganzer Kraft dem Ziel entgegen, um den Siegespreis zu bekommen – den Preis, der in der Teilhabe an der himmlischen Welt besteht, zu der uns Gott durch Jesus Christus berufen hat. (Phil. 3,13-14)

Einleitung.

Ich werde die verloren gegangene Zeit nachholen! Dazu ist es notwendig, dass ich das weitergebe, was ich empfangen habe. Dies tue ich durch meine Bücher und Predigten. Und, selbstverständlich, muss ich die empfangenen Offenbarungen natürlich auch in die Praxis umsetzen.

Liebe Freunde, wir müssen wirklich unsere Tage hier auf Erden zählen. Wir sollten weise sein und so leben, dass wir Frucht bringen, damit wir die Welt beeinflussen und sie verändern.

Lehre uns unsere Tage richtig zählen, damit wir ein weises Herz erlangen! (Ps. 90,12)

Ich bin erschrocken, nicht schon früher gesehen zu haben, was ich jetzt sehe, nicht verstanden zu haben, was ich heute verstehe, nicht gelebt zu haben, was ich heute lebe und nicht schon eher mitgeteilt zu haben, was ich jetzt mitteile.

All dies ist die Frucht von Ignoranz oder, wie es das Wort Gottes beschreibt, von einem Mangel an Erkenntnis. „Mein Volk geht zugrunde aus Mangel an Erkenntnis." (Hos. 4,6)

Ein Mangel an Erkenntnis hängt mit einem Mangel an Licht zusammen. Das bedeutet, dass wir in manchen Lebensbereichen aufgrund von mangelnder Erkenntnis in der Finsternis bleiben. Nun, der Fürst dieser Welt ist der Fürst der Finsternis. Folglich geben wir ihm unbewusst Anrechte an den Lebensbereichen, in denen wir keine Offenbarung, kein Licht haben.

Zu unserem Glück besitzt Gott ein Heilmittel dafür, welches wir in dieser Buchreihe entdecken werden.

Gott hat uns Sein Wort und Seinen Geist gegeben, damit wir nach Seinem Plan leben und Seine Pläne auf dieser Erde verwirklichen können. Soweit ich weiß, erleben dies leider sehr wenige Menschen.

Und doch steht alles geschrieben ! Es ist direkt vor unseren Augen, aber wir sehen es nicht.

Um zu sehen, brauchen wir Offenbarung. Ich schließe mich dem Apostel Paulus in seinem Gebet für die Epheser an und mache es auch zu meinem Gebet für jeden einzelnen meiner Leser :

Dass der Gott unseres Herrn Jesus Christus, der Vater der Herrlichkeit, euch den Geist der Weisheit und Offenbarung gebe in der Erkenntnis seiner selbst, erleuchtete Augen eures Verständnisses, damit ihr wisst, was die Hoffnung seiner Berufung und was der Reichtum der Herrlichkeit seines Erbes in den Heiligen ist, was auch die überwältigende Größe seiner Kraftwirkung an uns ist, die wir glauben, gemäß der Wirksamkeit der Macht seiner Stärke. Die hat er wirksam werden lassen in dem Christus, als er ihn aus den Toten auferweckte und ihn zu seiner Rechten setzte in den himmlischen Regionen, hoch über jedes Fürstentum und jede Gewalt, Macht und Herrschaft und jeden Namen, der genannt wird, nicht allein in dieser Weltzeit, sondern auch in der zukünftigen ; und er hat alles seinen Füßen unterworfen und ihn als Haupt über alles der Gemeinde gegeben, die sein Leib ist, die Fülle dessen, der alles in allen erfüllt. (Eph. 1,17-23)

Einleitung.

Paulus betet, dass der Vater der Herrlichkeit **uns gebe durch Seinen Geist** :

- den Geist der Weisheit und der Offenbarung, damit wir Ihn erkennen.
- erleuchtetes Verständnis (Intelligenz), damit wir verstehen, was die Hoffnung ist, zu der wir berufen sind.
- eine Offenbarung über den Reichtum Seines Erbes, das uns gehört.
- eine Offenbarung von der Kraft in uns, nämlich, dass Christus durch Seinen Geist in uns lebt.
- eine Offenbarung der Autorität, die wir in Christus haben.

Und, dass wir die Bedeutung der Herrschaft, der Vormachtstellung Jesu über alle Dinge verstehen.

Wenn Paulus so betet, heißt das, dass ihm bewusst ist, dass…

- wir all diese Dinge benötigen.
- wir sie noch nicht ergriffen haben.
- Gott sie uns geben will.

Und, dass dies auf jeden Christen zutrifft.

Offenbarungen sind ein Fundament im Reich Gottes. Denn ohne sie können wir weder Christus annehmen, noch wachsen oder uns verändern, um die Welt zu beeinflussen. Wir hätten keine Vision, keine Überzeugung oder Gewissheit bezüglich dessen, was nötig ist, um dem Feind standhaft widerstehen zu können. Die Bibel nennt dies ganz einfach Glauben : „Es ist aber der Glaube eine feste Zuversicht auf das, was man hofft, eine Überzeugung von Tatsachen, die man nicht sieht." (Hebr. 11,1)

In dieser Buchreihe werde ich eine grundlegende Offenbarung teilen, die eine fundamentale Offenbarung für jeden Christen ist.

Auf diese Offenbarung können wir aufbauen, weil es sich um ein Fundament handelt, wie ein Kompass, der uns auf Kurs hält, sodass wir uns nicht ablenken oder abbringen lassen von jedem Wind der Lehre oder der Mode, sogar wenn sie evangelikal ist.

Diese Offenbarung, die ich Ihnen im Verlauf der folgenden Seiten mitteilen werde, ist die Strategie Jesu zur Eroberung der Welt, um Seine Herrschaft aufzurichten. Darin besteht Sein ultimativer Plan, wie es uns der nachfolgende Vers offenbart :

Und alles hat er seinen Füßen unterworfen und ihn als Haupt über alles der Gemeinde gegeben (Eph. 1,22)

Diese Strategie ist eindeutig und sehr effektiv.

Es ist die Methode von Jesus. Eine andere gibt es nicht.

Erneut steht es, in den letzten Worten, die Jesus sprach bevor er diese Erde verließ :

Und Jesus trat herzu, redete mit ihnen und sprach : Mir ist gegeben alle Macht im Himmel und auf Erden. So geht nun hin und **macht zu Jüngern** *alle Völker, und tauft sie auf den Namen des Vaters und des Sohnes und des Heiligen Geistes und lehrt sie alles halten, was ich euch befohlen habe. Und siehe, ich bin bei euch alle Tage bis an das Ende der Weltzeit ! Amen.* (Mt. 28,18-20)

„Macht zu Jüngern" ist der Auftrag, den der Herr uns gegeben hat, es ist die göttliche Strategie, um die Welt zu erreichen und das Reich Gottes herbeizuführen. Für gewöhnlich sprechen wir dabei von „dem großen Auftrag", doch leider ist dieser zu „dem großen Versäumnis" geworden.

Soweit ich weiß, gibt es nur wenige Kirchen, die tatsächlich Jünger machen. Ich glaube, der Grund dafür ist, dass wir ein

Einleitung.

mangelndes Verständnis davon haben, was ein Jünger tatsächlich ist und dass wir nicht wirklich wissen, wie wir Jünger machen sollen.

Ich habe mehrere meiner befreundeten Pastoren gefragt, ob sie Jünger machen.

Manche von ihnen sagten: „Meinst du Mentoring? Reflektionsgespräche in Zweier- oder Dreiergruppen? Kurse für Neubekehrte?"

Was sie mir als Antworten gaben, ist an sich nicht schlecht, aber diese Techniken sind nicht die angemessene Antwort auf den Befehl Jesu, welcher ist, Jünger zu machen.

Als der Herr ganz klar zu mir sagte: „Mach Jünger", glaubte ich wirklich, dass ich es schon tat. Aber mir wurde bewusst, dass der Herr, wenn er mir einen Befehl gibt, dies nicht ohne Grund tut. So begann ich also nachzuforschen, was Jüngerschaft wirklich ist.

Dazu studierte ich die Schrift, sprach mit Männern Gottes, die Jünger machen, kaufte etwa 15 Bücher zu diesem Thema und studierte, auf welche Weise die Rabbiner zu Jüngern machen. Und auch ich selbst machte Jüngerschaft zur Basis meines Dienstes.

Dieses Werk ist also die Frucht all dieser Nachforschungen sowie jahrelanger praktischer Umsetzung, intensiver Ausbildung von Jüngern.

Aber bevor ich dieses Studium darüber, wie man ein Jünger wird und wie man Jünger macht **(da man nicht ein Jünger sein kann, wenn man sich nicht multipliziert),** fortsetze, möchte ich noch eine Sache betonen:

Ein Jünger zu sein, wird Sie alles kosten, aber Sie werden auch alles gewinnen. Darauf werde ich im späteren Verlauf dieses Buches noch genauer eingehen, doch ich möchte Ihnen an dieser Stelle direkt sagen, dass Jüngerschaft ein Lebensstil ist. Es handelt sich nicht einfach um eine Aktivität am Sonntag oder um ein Treffen zum Gebet.

Aus diesem Grund ermutige ich Sie, sich selbst den folgenden Fragen zu widmen :

- **Ist es wirklich Gottes Vision, Jünger zu machen ?**
- **Gilt dies heutzutage für uns ?**
- **Gilt es für mich ?**

Ich habe zwei sehr einfache Kriterien, um zu erkennen, ob eine Vision von Gott kommt oder nicht. Sie lauten :

- **Ist es biblisch ?**
- **Funktioniert es ?**

Was die Vision „Machet zu Jüngern" betrifft, so lautet die Antwort auf beide Fragen JA. Wir können dies in der Heiligen Schrift klar erkennen :

Und Jesus trat herzu, redete mit ihnen und sprach : Mir ist gegeben alle Macht im Himmel und auf Erden. So geht nun hin und **macht zu Jüngern alle Völker***, und tauft sie auf den Namen des Vaters und des Sohnes und des Heiligen Geistes und lehrt sie alles halten, was ich euch befohlen habe. Und siehe, ich bin bei euch alle Tage bis an das Ende der Weltzeit ! Amen. (Mt. 24,18-20)*

Es ist Jesus selbst, der uns diesen Auftrag erteilt. Es sind die letzten Worte, die Er uns mitteilt, bevor er diese Erde verlässt. Stellen Sie sich vor, Sie wären in Seiner Situation. Was würden Sie

Einleitung.

sagen, wenn Sie wüssten, dass es sich um Ihre letzten Momente auf Erden handelt?

Ich denke, dass Sie, wie jeder andere auch, das sagen würden, was Ihnen besonders am Herzen liegt. Genauso war es auch bei Jesus!

Dieser Auftrag, den Jesus uns übergibt, ist kein ergänzendes, zusätzliches Programm, sondern ein Lebensstil. Nirgendwo in der Heiligen Schrift finde ich einen Unterschied zwischen einem Christen und einem Jünger.

Ein Christentum ohne Jüngerschaft ist undenkbar und steht im Widerspruch zu den Schriften.

Christ zu werden bedeutet nicht einfach nur, errettet zu werden und darauf zu warten, eines Tages in den Himmel zu kommen, sondern es ist der Beginn eines Lebens von Veränderung in Sein Ebenbild, der Beginn eines Lebens als Jünger.

Jesus berief Seine Jünger bereits sehr früh in den Dienst. Die Berufung eines Jüngers in der Zeit von Jesus ist auch heute noch dieselbe. Sie besteht darin, Jesus nachzufolgen: „Als er aber am See von Galiläa entlangging, sah er Simon und dessen Bruder Andreas; die warfen das Netz aus im See, denn sie waren Fischer. Und Jesus sprach zu ihnen: Folgt mir nach, und ich will euch zu Menschenfischern machen!" (Mk. 1,16-17)

Ein Jünger ist jemand, der sein Leben Christus übergeben hat. Christus ist sein Herr geworden. Diese Person ist nun Gott untergeordnet und lebt, um Seinen Willen zu tun, und zwar in jedem seiner Lebensbereiche.

Jünger zu sein bedeutet zuallererst, errettet zu sein und auch dementsprechend zu leben.

Doch ein Jünger zu sein bedeutet auch, Jesus nachzufolgen und ein Menschenfischer zu werden.

Ich wiederhole : Es geht darum, Jesus als Retter und Herrn nachzufolgen.

Manche Menschen machen einen Unterschied zwischen einer erretteten Person und einem Jünger. Doch das steht im Widerspruch zu den Schriften.

Ich wiederhole das aus zwei Gründen : Zum einen, weil Wiederholung die Mutter aller Lehre ist. Marketingspezialisten wissen, dass es acht Wiederholungen braucht, damit man eine Sache gut aufnimmt. Und zum anderen, weil es ein Prinzip ist, das äußerst wichtig ist. Heutzutage ist es gut möglich, dass man falsche Lehren zu hören bekommt, die zum Beispiel besagen, dass man, sobald man einmal errettet ist, für immer die Erlösung erlangt hat, unabhängig davon, wie man sein Leben führt.

Ich habe mit unterschiedlichen Diensten diskutiert, die dies mit Bibelversen untermauert befürworten. Selbstverständlich habe ich ihnen auch andere Verse zitiert, die das Gegenteil bezeugen.

Ich möchte nicht zu lange auf diesen Punkt eingehen, da es nicht das Thema des Buches ist. Dennoch möchte ich kurz meine Überzeugung und auch ein persönliches Erlebnis diesbezüglich mit Ihnen teilen.

Erstens ist, wie ich bereits sagte, ein Jünger eine Person, die die Kontrolle über ihr Leben an Jesus übergeben hat, also Ihn zu seinem Herrn gemacht hat.

Einleitung.

Wenn wir bewusst in Sünde leben und Sein Wort auf die leichte Schulter nehmen, glaube ich, dass wir unsere Errettung verlieren können, weil Jesus dann nicht unser Herr ist.

Wie ? Die Sünde verhärtet das Herz, und wenn wir viel in Sünde leben, werden wir unsensibel für die Weisungen des Geistes Gottes.

Achtet deshalb darauf, liebe Brüder, dass eure Herzen nicht böse und ungläubig sind und ihr euch damit vom lebendigen Gott abwendet. Ermutigt einander jeden Tag, solange es » Heute « heißt, damit keiner von euch von der Sünde überlistet wird und hart wird gegen Gott ! (Hebr. 3,12-13)

Die Schrift spricht hier zu Brüdern und nicht zu Ungläubigen, sie warnt uns. Lasst uns das ernst nehmen !

Glücklich der Mann, der sich beständig davor fürchtet, Böses zu tun ; doch wer darauf besteht, es zu tun, wird ins Unglück fallen. (Sp. 28,14 ; frei übersetzt aus dem Französischen)

Dieser Text zeigt uns, dass nicht die einmalige Sünde ein Problem darstellt, sondern, dass es problematisch ist, wenn wir darin verharren, ein Leben in Sünde zu führen, ohne danach zu verlangen, von ihr abzulassen.

Wenn wir die Sünde nicht aufgeben, verdorrt unser Gewissen, es wird unempfänglich und wir werden verführt.

Die nachfolgenden Texte bestätigen dies :

Zunächst einmal warnt uns Timotheus, dass es wichtig ist, ein gutes Gewissen zu haben : „Das Endziel der Weisung aber ist Liebe aus reinem Herzen und gutem Gewissen und ungeheucheltem Glauben." (1. Tim. 1,5)

Etwas später zeigt uns Timotheus die Folgen auf, die sich daraus ergeben, wenn wir nicht auf unser Gewissen achten: „Indem du den Glauben und ein gutes Gewissen bewahrst. Dieses haben einige von sich gestoßen und darum im Glauben Schiffbruch erlitten." (1. Tim. 1,19)

Petrus, ein Apostel, der wusste, was Gnade bedeutet (er selbst hat den Herrn dreimal verleugnet und Jesus hat ihm dreimal Gnade erwiesen), warnt uns ausdrücklich in den nachstehenden Versen, die aber doch an bereits errettete Menschen geschrieben wurden:

Denn wenn sie durch die Erkenntnis des Herrn und Retters Jesus Christus den Befleckungen der Welt entflohen sind, aber wieder darin verstrickt und überwunden werden, so ist der letzte Zustand für sie schlimmer als der erste. Denn es wäre für sie besser, dass sie den Weg der Gerechtigkeit nie erkannt hätten, als dass sie, nachdem sie ihn erkannt haben, wieder umkehren, hinweg von dem ihnen überlieferten heiligen Gebot. Doch es ist ihnen ergangen nach dem wahren Sprichwort: » Der Hund kehrt wieder um zu dem, was er erbrochen hat, und die gewaschene Sau zum Wälzen im Schlamm. « (2. Petr. 2,20-22)

Dieser Abschnitt ist eine der klarsten Schriftstellen darüber, dass man sein Heil verlieren kann. Und es gibt noch viele weitere.

Doch wie bereits erwähnt, werde ich nicht alle aufzählen. Stattdessen möchte ich lieber ein Zeugnis mit Ihnen teilen.

Eines Tages war ich im Haus eines Freundes, bei dem wir mit etwa zehn Christen eine Versammlung abhielten. Nach einiger Zeit kam ein Mann herein. In dem Moment, als ich ihn sah, sagte der Herr zu mir: „Sag ihm, dass er, wenn er nicht umkehrt, in der Hölle landen wird."

Einleitung.

Das mag hart klingen, doch da Jesus die Menschen retten will, warnt er sie auch.

Also erzählte ich diesem Mann, den ich nicht kannte, was der Herr mir gerade gesagt hatte.

Er antwortete mir, dass es nicht von Gott kommen könne, weil er in seiner Kirche gelehrt worden sei, dass man, wenn man einmal errettet ist, für immer errettet bleibe und, wenn man bewusst in Sünde lebt, seine Errettung behalten und nur die Belohnung verlieren würde.

Ich sagte ihm, dass ich keine theologischen Diskussionen führen möchte, aber, dass ich, wenn er es will, für ihn beten kann.

Nach etwa zehn Minuten sagte er : „In Ordnung, beten Sie für mich!" Da er direkt vor mir saß, stand ich einfach auf und streckte meine Hand zu ihm aus. In diesem Moment fiel er von seinem Stuhl und begann wie unter Stromschlägen zusammenzuzucken. Die Dämonen manifestierten sich. Daraufhin begann er, vor allen Leuten, seine Sünden zu bekennen, während er sich zuckend auf dem Boden befand.

Der Herr hat ihn erlöst und ich hoffe, dass es ihm heilbringend war.

Ich habe mir hier die Zeit genommen und Ihnen von diesem Erlebnis berichtet, damit Sie erkennen, wie wichtig der Auftrag ist, Jünger zu sein und Jünger zu machen. Jüngerschaft wird Ihnen dabei helfen, Irrlehren zu erkennen und sich nicht von jedem Wind der Lehre fortreißen zu lassen.

Darüber hinaus wird der Auftrag, Jünger zu machen, in dem erwähnten Text explizit beschrieben :

*Und Jesus trat herzu, redete mit ihnen und sprach : Mir ist gegeben alle Macht im Himmel und auf Erden. So geht nun hin und macht zu Jüngern alle Völker, und tauft sie auf den Namen des Vaters und des Sohnes und des Heiligen Geistes und **lehrt sie alles halten, was ich euch befohlen habe.** Und siehe, ich bin bei euch alle Tage bis an das Ende der Weltzeit ! Amen.* (Mt. 28,18-20)

Jesus ruft uns auf, zu gehorchen und die Jünger, die wir trainieren, zu lehren, das Gleiche zu tun.

Jünger sein und Jünger machen ist ein Schutz für uns und für die anderen, denn Jüngerschaft beinhaltet, dass wir einander Rechenschaft ablegen.

Nun, da wir gesehen haben, dass es Gottes Wille ist, dass wir Jünger machen, können wir ohne Bedenken damit beginnen und dem Beispiel des Apostel Paulus folgen, wenn er Folgendes sagt :

Daher, König Agrippa, bin ich der himmlischen Erscheinung nicht ungehorsam gewesen, (Apg. 26,19 ; SLT)

Ich habe mich, König Agrippa, dem nicht widersetzt, was diese Erscheinung vom Himmel mir befohlen hatte. (Apg. 26,19 ; GNB)

Paulus sagt uns, dass er der göttlichen Vision gehorsam war und sich ihr nicht widersetzte.

Geliebte, es ist mein Gebet für Sie, dass Sie diese Vision ergreifen, in ihr leben und sich ihr nicht widersetzen.

Studiert man das Leben von Paulus, lässt sich feststellen, dass sein Dienst auf diese Mission, nämlich „Jünger machen", ausgerichtet war. Das ist, wo hinein er all seine Energie investiert hat.

Einleitung.

Gott ist dabei, diese grundlegende Wahrheit wieder an die Tagesordnung zu bringen. Die Endzeitgemeinde wird mächtig sein, und ein Merkmal haben, das im nachfolgenden Vers beschrieben ist :

An eurer Liebe zueinander werden alle erkennen, ***dass ihr meine Jünger seid.*** (Joh. 13,35)

Jesus spricht von Jüngern und dem Kennzeichen eines Jüngers : Der Liebe. Die Liebe kann einzig und allein durch Jüngerschaft zunehmen und sich manifestieren. Damit Sie diese Aussage besser nachvollziehen können, werde ich darüber in den nächsten Bänden dieser Buchreihe lehren.

Visionäre haben oft viele Ideen, Pläne und Strategien. Sie haben einen aktiven Geist. Die Schwierigkeit liegt darin, zu wissen, ob wirklich alles von Gott kommt und ob es für den aktuellen Zeitpunkt bestimmt ist.

Auch ich habe mir diese Fragen gestellt und mir viel Zeit genommen, darüber zu meditieren, bevor ich mich verpflichtet habe, diese Buchreihe zu schreiben.

Wie um mich zu ermutigen, ließ der Herr ein Erlebnis zu, das ich gerne mit Ihnen teilen möchte.

Ich war vor Kurzem in einer Gemeinde in der Schweiz, in der ich diese Vision von Jüngerschaft mitteilte.

Als ich mich nach meiner Predigt wieder hinsetzte, sprach der Heilige Geist zu mir :

Das ist, was der Geist der Gemeinde sagt.

In diesem Moment kam ein Bruder auf mich zu, um mir zu danken und zu sagen, dass sich bereits mehrere Schweizer Gemeinden mit diesem Thema befassen und ein Konzept aufgestellt haben, um Jünger zu machen. Sie nennen es „turning".

Was dieser Bruder mir erzählte, hat mich sehr ermutigt, denn seit ich jenen Anweisungen vom Herrn folgte, hatten die Angriffe und die Kritik durch Leute unter dem Einfluss religiöser Geister zugenommen.

Das ist für mich nichts Negatives, ganz im Gegenteil. Es stärkt und ermutigt mich, dabei zu bleiben, weil ich weiß, dass ich mich in Seinem perfekten Plan befinde und das ist es, was zählt.

Der Feind greift immer diejenigen an, die das Königreich Gottes voranbringen und folglich seine Werke zerstören.

Eine Art, wie der Feind dies tut, ist durch Verfolgung.

Der Apostel Paulus erinnert uns an diese Wahrheit im nächsten Vers :

Und alle, die gottesfürchtig leben wollen in Christus Jesus, werden Verfolgung erleiden. (2. Tim. 3,12)

Wenn der Feind seine Angriffe verdoppelt, dann liegt es daran, dass ihn diese Botschaft stört, welche seine Niederlage und den Sieg Christi am Kreuz beweist. Für uns ist das eine gute Nachricht !

In den über 20 Jahren meines Christseins habe ich mir eine Menge Fragen gestellt. Was mich dabei ganz besonders beschäftigt hat, ist :

Einleitung.

Wieso erleben wir nicht das Gleiche, was die Urgemeinde erlebt hat und wovon uns in der Apostelgeschichte berichtet wird ?

Wir lesen darin, dass die Kirche mächtig war, dass die Zahl der Jünger zunahm, dass die Macht Gottes sich manifestierte und, dass dort eine große Gottesfurcht herrschte.

Die nachstehenden Verse berichten uns von diesem Zustand :

Die Christen erfüllten Jerusalem mit dem Wort Gottes : „Haben wir euch nicht streng verboten, in diesem Namen zu lehren ? **Und siehe, ihr habt Jerusalem erfüllt mit eurer Lehre** und wollt das Blut dieses Menschen auf uns bringen ! " (Apg. 5,28)

Sie stellten die Welt auf den Kopf : „Als sie sie aber nicht fanden, schleppten sie den Jason und etliche Brüder vor die Obersten der Stadt und schrien : **Diese Leute, die die ganze Welt in Aufruhr versetzen**, sind jetzt auch hier." (Apg. 17,6)

Einige haben eine gesamte Stadt auf den Kopf gestellt, andere die ganze Welt ! Wie ist das möglich ?

Ganz einfach, indem sie die Strategie Jesu, die göttliche Methode, anwandten.

Und die Methode von Jesus ist : Jünger zu machen.

Wir können also sehen, dass Jüngerschaft biblisch ist und dass es funktioniert.

Zu dem Zeitpunkt, da ich dieses Buch schreibe, liegen eine Menge Arbeit sowie viele Projekte vor mir.

Also meditierte ich darüber, dachte darüber nach und betete, und im Gebet wurde mir bewusst, dass ich, um effizient sein und Früchte bringen zu können, mich dieser Buchreihe zur Schulung von Jüngern widmen muss.

Zuallererst, weil die Vision, indem ich sie verschriftliche, sich tiefer in mich einschreiben wird, sodass ich mehr Klarheit haben werde und sie für meine Zuhörer verständlicher wird, wenn ich sie weitergebe.

Zweitens, weil ich ernsthaft davon überzeugt bin, dass dies ein praktisches Werkzeug zum Trainieren von Jüngern sein wird, sowohl für Einzelpersonen und Gruppe als auch für Zellen oder Gemeinden.

Wir können uns vielen religiösen Aktivitäten verschreiben, die aus menschlicher Perspektive gut scheinen mögen, doch was wirklich zählt, ist, das zu tun, was Jesus uns aufträgt. Das ist, was wirkliche Frucht für die Ewigkeit bringt.

Seit etwa 20 Jahren habe ich nun viele Gemeinden verschiedener Konfessionen und unterschiedlicher Nationen besucht. Ich spreche häufig mit den Pastoren über das, was ich empfangen habe.

Wenn ich diese Gespräche, meine persönliche Meditation im Worte Gottes, meine eigene Erfahrung, Gespräche, die ich mit anderen Diensten hatte und dieses Rhema-Wort, das Gott mir gegeben hat, miteinander vergleiche, dann denke ich, dass dies wirklich das ist, was Gott möchte, dass wir zur aktuellen Stunde all unsere Energie für diese Sache opfern sollen : Jünger zu machen.

Darum dreht sich das ganze christliche Leben.

Einleitung.

Ich habe Leute getroffen, die wollten, dass ich sie für einen Dienst schule, aber bevor man einen Dienst aufnimmt, muss man erstmal ein Jünger sein. Es gibt Kirchen, die mich gebeten haben, ihnen zu helfen. Bevor ich ihnen antworte, stelle ich zuvor immer dieselbe Frage : „Wollen Sie Jünger machen ? "

Wenn sie dies verneinen, investiere ich mich nicht, weil ich einen klaren Ruf vom Herrn erhalten habe. Eine so deutliche Vision davon zu haben, was Gott von uns verlangt, ist ein entscheidender Vorteil.

Ich wiederhole : Jünger machen ist keine Option. Es ist ein Befehl des Herrn :

*Jesus kam und sagte zu seinen Jüngern : » Mir ist alle Macht im Himmel und auf der Erde gegeben. Darum geht zu allen Völkern und **macht sie zu Jüngern**. Tauft sie im Namen des Vaters und des Sohnes und des Heiligen Geistes und lehrt sie, alle Gebote zu halten, die ich euch gegeben habe. Und ich versichere euch : Ich bin immer bei euch bis ans Ende der Zeit. «* (Mt. 28,18)

Ich glaube wirklich, dass Jesus, wenn wir Ihm gegenüberstehen werden, jedem Menschen diese Frage stellen wird : „Habt ihr Jünger gemacht, wie ich es euch aufgetragen habe ? "

Über die Jahre, die ich nun Jünger trainiere, habe ich erkannt, dass es notwendig ist, dies mit einer Methode zu tun, sodass wir die vollbrachte Arbeit beurteilen und den Fortschritt von den Leuten, die wir trainieren, überprüfen können.

Jünger machen geschieht nicht von selbst. Wir müssen die Strategien von Gott anwenden.

Diese Bücher werden Ihnen eine effektive Strategie zeigen, die aus der Heiligen Schrift entnommen ist und der Methode Jesu entspricht.

Gott möchte, dass wir in unserer Arbeit erfolgreich sind, jedoch wird göttlicher Erfolg anders gemessen als menschlicher Erfolg.

Wahrer Erfolg besteht darin, anderen zu helfen, erfolgreich zu sein.

Deshalb habe ich diese Buchreihe geschrieben, mit dem Wunsch, Ihnen dabei zu helfen, in Jüngerschaft zu wachsen und um Sie zu motivieren, ebenfalls anderen zu helfen, das Gleiche zu tun.

Vielleicht fragen Sie sich immer noch : „Ist das etwas für mich ? "

Das ist eine sehr gute Frage !

Viele Christen meinen, dass das primäre Ziel der Errettung darin besteht, die Hölle zu vermeiden.

Das ist wahr, doch es ist nur ein Teil der Wahrheit.

Gott ruft uns, Jünger zu sein. Nirgendwo in den Schriften finden wir einen Aufruf, Bekehrte zu machen.

Die neue Geburt ist wichtig, doch sie ist erst der Anfang eines neuen Lebens.

Es ist möglich, dass wir von Neuem geboren sind und nicht so leben, wie Jesus es verlangt.

Einleitung.

Die folgenden Verse zeigen das sehr deutlich :

*Als er aber am Passahfest in Jerusalem war, **glaubten viele an seinen Namen, weil sie seine Zeichen sahen, die er tat.** Jesus selbst aber **vertraute sich ihnen nicht an**, weil er alle kannte, und weil er es nicht nötig hatte, dass jemand von dem Menschen Zeugnis gab ; denn er wusste selbst, was im Menschen war.* (Joh. 2,23-25)

Sie glaubten an Ihn, aber Er vertraute sich ihnen nicht an.

Jesus kennt die Herzen und weiß, wem Er sich anvertrauen kann und wem nicht. Diejenigen, denen Er sich anvertrauen kann, sind diejenigen, mit denen Er Sein Herz teilt.

Das ist der Grund, weshalb manche Leute mehr Offenbarung haben als andere.

Der folgende Text bestätigt diese Aussage :

Vielmehr (predigen wir so), wie geschrieben steht : Was kein Auge gesehen und kein Ohr gehört hat und wovon keines Menschen Herz eine Ahnung gehabt hat, nämlich das, was Gott denen bereitet hat, die ihn lieben. (1. Kor. 2,9)

Ein Beweis unserer Liebe zu Gott ist unser Gehorsam Ihm gegenüber.

Ich sage dies aus zwei Gründen. Erstens, weil Gott von uns erwartet, dass wir, wenn er uns eine Offenbarung schenkt, ihm gehorsam sind.

Und zweitens, weil die Bibel sagt, dass Treue ein entscheidendes Kriterium dafür ist, ob wir mehr vom Herrn empfangen werden.

Diese Treue steht in Verbindung mit der rechten Verwaltung dessen, was der Herr uns anvertraut : „Und er sprach zu ihm : Recht so, du guter Knecht ; weil du im Geringsten treu gewesen bist, sollst du Macht haben über zehn Städte." (Lk. 19,17)

Gott möchte jedem Einzelnen mehr geben, doch dies hängt von unserer Herzenshaltung Ihm gegenüber ab.

Die Welt braucht Jünger, radikale Menschen, Menschen, die zu geöffneten (geschriebenen) Briefen geworden sind, Menschen, in denen man Christus sehen kann, Menschen, die es Christus erlaubt haben, sich durch sie zu manifestieren. („Manifestieren" meint : „sichtbar machen").

Mahatma Gandhi sagte einmal : „Ich wäre Christ geworden, wenn ich einen getroffen hätte."

Gandhi hatte das Neue Testament gelesen und war überzeugt, dass das, was daraus hervorging, die Lösung für die Welt war. Aber als er eine Kirche besuchen wollte, verwehrte man ihm den Zutritt, aufgrund von seiner Hautfarbe.

Das ist wirklich schlimm ! Aufgrund von mangelnder Erkenntnis sowie fehlender, guter biblischer Grundlagen und Vorbilder ist dies leider auch heutzutage immer noch der Fall in manchen Kirchen, wo es vorkommt, dass die Leute zu schnell gerichtet werden, nämlich anhand dessen, was das natürliche Auge sieht. Ich spreche hier nicht allein von der Hautfarbe, sondern auch von sozialer Schicht, Status, Beruf, etc.

Schon der Apostel Jakobus war mit diesem Problem konfrontiert :

Meine Brüder, verbindet den Glauben an unseren Herrn Jesus Christus, [den Herrn] der Herrlichkeit, nicht mit Ansehen der

Einleitung.

Person! Denn wenn in eure Versammlung ein Mann käme mit goldenen Ringen und in prächtiger Kleidung, es käme aber auch ein Armer in unsauberer Kleidung, und ihr würdet euch nach dem umsehen, der die prächtige Kleidung trägt, und zu ihm sagen : Setze du dich hier auf diesen guten Platz !, zu dem Armen aber würdet ihr sagen : Bleibe du dort stehen, oder setze dich hier an meinen Fußschemel! — würdet ihr da nicht Unterschiede unter euch machen und nach verwerflichen Grundsätzen richten ? (Jak. 2,1-4)

Ich schreibe dies nicht in einem kritischen Geist. Denn Gott hat mir einen Dienst gegeben, und jeder wahre Dienst trägt eine Last für die Gemeinde.

Die Last besteht darin, dass Gottes Plan auf dieser Erde ausgeführt wird.

Dieses Vorhaben kann nur durchgeführt werden durch Seinen Leib : Die Gemeinde.

Doch jeder Diener verspürt denselben Schmerz wie der Herr, wenn er sich der Kluft bewusst wird, die sich manchmal zwischen dem befindet, was die Gemeinde jetzt ist und dem, wie Gott sich wünscht, dass sie sein soll.

Mit diesem Zwiespalt zwischen dem, was ist, und dem, was sein sollte, muss trotz des Schmerzes und der Traurigkeit, die man empfindet, mit Liebe umgegangen werden, und unser Ziel sollte darin bestehen, dass die Kluft sich verringert.

Wenn ein wahrer Diener ein Problem sieht, dann geht er ins Gebet und schlägt eine Lösung vor. Es handelt sich nicht um eine Person mit einem richtenden oder kritisierenden Geist, sondern um eine Person, die den Wunsch hat, dass Gottes Herrschaft kommt und Sein Wille geschieht wie im Himmel so auf Erden.

Diese Probleme betreffen besonders apostolische und prophetische Diener, die dazu da sind, göttliche Grundlagen zu legen, was manchmal auch das Herausreißen schlechter Grundlagen beinhaltet.

Auferbaut auf der Grundlage der Apostel und Propheten, während Jesus Christus selbst der Eckstein ist. (Eph. 2,20)

Ein klassisches Beispiel dessen, was ich hier erläutere, finden Sie in der Geschichte des Propheten Jeremia, als der Ruf Gottes an ihn ergeht :

Und das Wort des HERRN geschah zu mir so : Ehe ich dich im Mutterleib bildete, habe ich dich erkannt, und ehe du aus dem Mutterschoß hervorkamst, habe ich dich geheiligt ; zum Propheten für die Nationen habe ich dich eingesetzt. Da sagte ich : Ach, Herr, HERR ! Siehe, ich verstehe nicht zu reden, denn ich bin zu jung. Der HERR aber sprach zu mir : Sage nicht : Ich bin zu jung. Denn zu allen, zu denen ich dich sende, sollst du gehen, und alles, was ich dir gebiete, sollst du reden. Fürchte dich nicht vor ihnen ! Denn ich bin mit dir, um dich zu retten, spricht der HERR. Und der HERR streckte seine Hand aus und rührte meinen Mund an, und der HERR sprach zu mir : Siehe, ich lege meine Worte in deinen Mund. **Siehe, ich habe dich an diesem Tag über die Nationen und über die Königreiche bestellt, um auszureißen und niederzureißen, zugrunde zu richten und abzubrechen, um zu bauen und zu pflanzen.** (Jer. 1,4-10)

Einleitung.

Jeremia hat eine prophetische Berufung erhalten. Sie besteht unter anderem darin :

- Auszureißen.
- Niederzureißen.
- Zugrunde zu richten.
- Abzubrechen.
- Zu bauen.
- Zu pflanzen.

Ausreißen, Niederreißen, Zugrunde richten, Abbrechen, Bauen und Pflanzen.

Das Ziel ist die Etablierung des Königreichs.

Hier zwei weitere, einfache Beispiele, die zeigen, was ich damit meine, was ausgerissen und ausgetauscht werden muss.

Jesus sagte seinen Jüngern : „Geht...". Wir sagen den Leuten : „Kommt ! "

Jesus sagte : „Ich werde meine Gemeinde bauen". Und wir, wir versuchen mit viel Energie, die Gemeinde selbst zu bauen !

Das Problem ist, dass Jesus uns nie darum gebeten hat, dies zu tun. Dafür beauftragt er uns, Jünger zu machen. Er ist es, der die Gemeinde bauen wird.

Ich bete wirklich dafür, dass der Geist Gottes Ihr Leben berührt und Ihnen beim Lesen dieses Buches Seine Vision einhaucht.

Ich bete auch, dass, wenn Ihr Herz sich in Rebellion befindet und Sie aufgrund von Verletzungen oder Missverständnissen in Feindschaft mit der Gemeinde sind, dass Gott Ihre Herzen heilt und Sie vergeben und Buße hinsichtlich Ihrer Rebellion tun können.

Jesus liebt Seine Gemeinde. Liebe Leser, Sie sind die Gemeinde. Wenn Sie sich nicht selbst lieben, können Sie die zwei Gebote des Herrn, die die Grundlage des Neuen Testamentes bilden, nicht einhalten :

Einer der Schriftgelehrten stand dabei und hörte dem Gespräch zu. Er merkte, wie gut Jesus geantwortet hatte ; deshalb fragte er ihn : Welches von allen Geboten ist das wichtigste ? Jesus antwortete : Das wichtigste Gebot ist dies : Höre, o Israel ! Der Herr, unser Gott, ist der einzige Herr. Und du sollst den Herrn, deinen Gott, von ganzem Herzen, von ganzer Seele, mit all deinen Gedanken und all deiner Kraft lieben. Das zweite ist ebenso wichtig : Liebe deinen Nächsten wie dich selbst. Kein anderes Gebot ist wichtiger als diese beiden. (Mk. 12,28-31)

Ich erinnere mich, wie ich eines Tages als Redner an einer Konferenz teilgenommen habe. Ich saß auf dem Podium und ein Prophet predigte. Plötzlich hielt er in seiner Botschaft inne und sagte :

„Wollen Sie eine Person sehen, die von der Gemeinde verworfen wurde und trotz allem die Gemeinde liebt ? "

Dann drehte er sich zu mir um und zeigte mit dem Finger in meine Richtung. In diesem Moment manifestierte sich die Gegenwart Gottes spürbar und ich begann sofort, tränenüberströmt zu weinen. Dieser Zustand hielt eine gute Viertelstunde an.

Durch dieses Wort der Erkenntnis heilte Gott mein Herz.

Meine Freunde, lasst uns Gott und unsere Nächsten lieben. Selbst, wenn sie uns verfolgen oder verfluchen, wir segnen sie !

Es hat zwei Gründe, dass ich mir die Zeit dazu genommen habe und diese Geschichte mit Ihnen geteilt habe :

Einleitung.

Erstens, weil diese Buchreihe Dinge aufdecken wird, die nicht in Übereinstimmung mit der Schrift sind, sich aber dennoch in einigen Gemeinden abspielen, möglicherweise auch in der, die Sie besuchen. Zudem möchte ich nicht, dass Sie denken, dass ich aufgrund dieser Dinge gegen die Gemeinde sei.

Zweitens ist es wichtig für Sie, dass Ihr Herz mit dem Herrn in Einklang ist, sonst können Sie keine Frucht bringen und statt ein Segen für andere zu sein, würden Sie es riskieren, Chaos anzurichten und sich vom Feind benutzen zu lassen, um zu zerstören und zur Rebellion beizutragen.

Ich betone es nochmals : Ein weiterer Grund, weshalb ich von diesem Erlebnis erzählt habe, ist, dass Sie erkennen, dass ich diese Buchreihe weder aus Verletzung noch mit einem rebellischen Herzen geschrieben habe. Ein Großteil der Leute, die von mir lesen werden, werden mich nicht kennen, und ich möchte nicht das Risiko eingehen, dass Rebellion geweckt oder die Verletzungen eines Lesers dadurch gefüttert werden.

Nun, da diese Eckpunkte jetzt geklärt sind, werden wir im weiteren Verlauf dieses Buches behandeln, was ein Jünger wirklich ist. Das wird Ihnen helfen zu erkennen, ob Sie einer sind oder nicht und wie Sie sich, wenn dies noch nicht der Fall ist, an den Standard des Herrn angleichen können, um ein Jünger zu werden.

Diese Buchreihe kann individuell genutzt werden, aber ich empfehle Ihnen, das Gelesene mit anderen Personen oder mindestens einer anderen Person zu teilen. Das wäre für Sie von großem Vorteil.

Damit diese Buchreihe wirklich Ihr Leben beeinflussen wird, nun ein paar Ratschläge :

**Bevor Sie mit dem Durchlesen dieser Lehrbuchreihe beginnen, ist es wichtig, dass Sie sich folgende Frage stellen :
„Möchte ich wirklich ein Jünger Jesu sein ? "**

Wenn dies der Fall ist, so ist es notwendig, dass Sie diese Reihe zuverlässig und mit Ernsthaftigkeit beginnen und sich dazu entscheiden sie bis ans Ende fortzuführen.

- **Teilen Sie das, was Sie gelernt haben, anderen mit. Dies hat den Vorteil, dass Ihr Glaube gefestigt wird und Sie merken, ob Sie es richtig verstanden haben. Die Leute werden Ihnen Fragen stellen, was es Ihnen ermöglicht, Ihre Kenntnisse zu dem jeweiligen Thema zu vertiefen. Wenn Sie das tun, werden Sie geistlich wachsen. Beauftragen Sie die Personen, mit denen Sie es geteilt haben, es wiederum anderen weiterzugeben, und so werden Sie viel Frucht bringen. Das Weitergeben ist also nur zu Ihrem Vorteil.**
- **Nehmen Sie sich die Zeit zu lesen, zu meditieren und auf die verschiedenen Fragen zu antworten. Nehmen Sie sich vor jedem Studium eine Zeit des Gebets und bitten Sie den Herrn Sie, in dieser für Ihn abgesonderten Zeit, zu lehren und zu Ihnen zu reden. Wenden Sie das, was Sie gelernt haben im alltäglichen Leben an.**
- **Wenn Sie die Lehrbücher als Gruppe studieren, haben Sie viel Austausch untereinander. Das Wort Gemeinschaft kommt von dem griechischen Wort „koinonia" und**

bedeutet „miteinander teilen". Ermutigen Sie sich gegenseitig, fragen Sie einander, wie Sie das Gelesene verstehen, was Sie aus der Lektion, die Sie gerade studieren, verstanden haben. Auf diese Weise lernen Sie voneinander, korrigieren und ermutigen sich gegenseitig, so dass alle miteinander wachsen und die gleichen Gedanken bekommen.

• Wenn Sie die Lehrbücher mit einer Gruppe studieren, lesen Sie die Lektion vor dem Treffen und meditieren Sie darüber. Auf diese Weise können Sie mit den Anderen den Reichtum dessen teilen, was Sie persönlich empfangen haben.

Nachdem wir nun die Basis für diese Buchreihe gelegt haben, werden wir damit fortfahren, die Thematik des Jüngers zu vertiefen.

Gebet : Danke, Herr, dass du mich berufen hast, ein Jünger zu sein. Ich will einer sein und nach Deinem Wort leben !

Kapitel 1.

Warum sollen wir Jünger sein und zu Jüngern machen ?

Bevor man etwas sein oder tun kann, muss man zuvor wissen, wonach überhaupt gefragt ist. Aus diesem Grund wenden wir uns in diesem Kapitel der Definition des Begriffs „Jünger" zu.

Doch bevor wir tiefer in dieses Thema einsteigen, sollten wir uns Folgendes fragen : Warum sollen wir überhaupt Jünger sein und andere zu Jüngern machen ?

Sobald wir Christen werden, sind wir verändert, wir sind nicht länger dieselben Menschen : „Darum : Ist jemand in Christus, so ist er eine neue Schöpfung ; das Alte ist vergangen ; siehe, es ist alles neu geworden ! " (2. Kor. 5,17)

In einem späteren Buch werde ich noch ausführlicher auf das Thema Identität eingehen.

Da wir nicht mehr dieselben Menschen sind, wie vor unserer Bekehrung, verlangt Gott von uns, dass wir auch anders leben : Nämlich, in Übereinstimmung mit unserer neuen Natur.

Wir sind also mit ihm begraben worden durch die Taufe in den Tod, damit, gleichwie Christus durch die Herrlichkeit des Vaters aus den Toten auferweckt worden ist, **so auch wir in einem neuen Leben wandeln.** (Röm. 6,4)

Warum sollen wir Jünger sein und zu Jüngern machen?

Wir sind also in ein neues Reich mit anderen Werten, anderen Kriterien und anderen Prioritäten versetzt worden.

Er hat uns errettet aus der Herrschaft der Finsternis und **hat uns versetzt in das Reich des Sohnes seiner Liebe.** (Kol. 1,13)

Dementsprechend haben wir also ein neues Potenzial, das übernatürlich ist. Deshalb ist unsere erste Herausforderung, zu wissen, wer wir wirklich sind, wozu wir geschaffen sind, wie wir dieses Potenzial entwickeln können und wie unser Leben die Welt beeinflussen kann.

Um diese Dinge umzusetzen, hat Gott die Gemeinde kreiert, die eine Gemeinschaft von Jüngern ist, die miteinander das Leben Christi teilen.

Die Aufgabe der Gemeinde ist es, Jünger zu machen.

In dieser christlichen Gemeinschaft befinden sich Jünger, die mehr oder weniger Erfahrungen mit dem neuen Leben in Christus haben.

Die Bibel beschreibt uns verschiedene Stadien der Reife: Neugeborene, Kinder, Jugendliche und geistliche Eltern.

Wie in einer Familie sorgen die Eltern für eine gute Ordnung, damit das Potenzial des Einzelnen sich entwickelt und so jeder an der Ausbreitung des Reiches Gottes mitarbeiten kann.

Was die Welt braucht, ist nicht eine bessere Art und Weise, wie man die Dinge tut, nicht eine andere Politik und keine neuen Strategien, da diese nur das Äußere einer Person verändern können.

Was die Welt braucht, sind Menschen, die innerlich verändert worden sind und die dieses Leben, aus ihrem Innern, an ihre Umgebung weitergeben : Christus in uns, die Hoffnung auf Herrlichkeit.

Es wird nie eine bessere Welt geben, dadurch, dass Institutionen verändert werden. Was sich verändern muss, sind die Menschen, also wir.

Zugleich sollten wir uns bewusst machen, dass sich alle Christen in dem Prozess der Umgestaltung in Sein Ebenbild befinden und wir im Umgang miteinander von der Gnade Gebrauch machen müssen.

Dies lässt uns demütig bleiben. Denn wir besitzen nur stückweise Erkenntnis und müssen uns bewusst sein, dass wir stets dazu lernen.

Lasst uns voneinander lernen, stets belehrbar bleiben und andere ebenso lehren.

Jeder ist ein Teil von einem großen Puzzle.

Die Menschheit besteht aus Personen, die von Gott geliebt sind und in die Er Gaben und Talente hineingelegt hat. Stellen Sie sich vor, jede Person würde ihr Potenzial erkennen und versuchen, es zu maximieren... Die ganze Menschheit würde positiv verändert werden.

Das ist die Vision, die wir den Christen um uns herum mitteilen müssen, welche es dann ihrerseits wieder den Leuten aus ihrer Umgebung weitergeben sollen.

Gott möchte, dass wir Erfolg und Wohlstand haben.

Warum sollen wir Jünger sein und zu Jüngern machen?

Wenn ich von Erfolg und Wohlstand spreche, dann meint dies, zu der Person zu werden, die wir nach Gottes Willen sein sollen.

- Problemlöser.
- Visionäre.
- Leiter.

Agenten der Veränderung für das Wohl der Menschheit.

Dies alles wird in dem Maße geschehen, wie wir im Dienst an unserem Nächsten wachsen.

Als Jesus auf die Erde kam, kam er, um ein neues Königreich zu bringen, um die Herzen, Körper und den Geist zu heilen und um unsere Perspektive zu ändern.

Wenn unsere Herzen geheilt und unsere Gedanken in Übereinstimmung mit dem Plan Gottes sind und wir auch danach handeln, wird unser Leben sich verändern und wir werden zu Salz und Licht in der Gesellschaft, die dadurch beeinflusst und umgestaltet wird.

Ihr seid das Salz der Erde; wenn aber das Salz fade geworden ist, womit soll es gesalzen werden? Es taugt zu nichts mehr, als hinausgeworfen und von den Menschen zertreten zu werden. (Mt. 5,13)

Das Salz besitzt die Fähigkeit, Dinge zu verändern. Es ist ein Agent für Veränderung.

Ihr seid das Licht der Welt; eine Stadt, die oben auf einem Berg liegt, kann nicht verborgen sein. (Mt. 5,14)

Ein Licht ist dazu da, die Dunkelheit zu überwinden. Und das ist unsere Aufgabe, genauer gesagt, die Aufgabe eines jeden Christen.

Das Ziel von Jesu ist : Menschen aus Rebellion sowie aus ihrem Egoismus, ihren Gedanken, die sich nur um sich selbst drehen und aus den Begrenzungen, die sich aus dieser Egozentrik ergeben, zu befreien.

Er wollte die Menschen dazu bringen, ein neues Paradigma zu haben.

Ein Paradigma ist - in der Erkenntnistheorie und in den Geistes- und Sozialwissenschaften - eine Weltanschauung, eine Betrachtungsweise, ein zusammenhängendes Modell von der Welt, das auf einem vorgegebenen Fundament beruht (disziplinäre Matrix, theoretisches Modell, Denkrichtung). (Quelle : Wikipedia).

Es ist interessant, dass Jesus häufig sagte : „Ihr habt gehört…, aber ich sage euch… »

Hier ist ein Vers, der darauf anspielt :

Ihr habt gehört, daß den Alten geboten worden ist : ›Du sollst nicht töten‹, wer aber tötet, soll dem Gericht verfallen sein. **Ich dagegen sage euch** : *Wer seinem Bruder auch nur zürnt, der soll dem Gericht verfallen sein ; und wer zu seinem Bruder ›Dummkopf‹ sagt, soll dem Hohen Rat verfallen sein ; und wer ›du Narr‹ zu ihm sagt, soll der Feuerhölle verfallen sein.* (Mt. 5,21-22)

Die zwei folgenden Verse sind die neuen Grundlagen des Christentums, die „neuen Gebote" :

Warum sollen wir Jünger sein und zu Jüngern machen?

Ein neues Gebot gebe ich euch, daß ihr einander lieben sollt; wie ich euch geliebt habe, so sollt auch ihr einander lieben. (Joh. 13,34)

Das Leben in dieser Welt besteht nicht darin, auf gesetzliche Weise starre Gebote einzuhalten, sondern zu lieben, das heißt, im Geist zu wandeln.

Nachfolgend finden Sie ein weiteres Paradigma, das Jesus verkündet:

Sie aber schwiegen; denn sie hatten unterwegs miteinander verhandelt, wer der Größte sei. Und er setzte sich und rief die Zwölf und sprach zu ihnen: Wenn jemand der Erste sein will, so sei er von allen der Letzte und aller Diener! (Mk. 9,34-35)

In der Welt wollen viele Leute die Ersten sein und sich von den anderen bedienen lassen, doch in Gottes Königreich ist es anders.

Derjenige, der groß sein will, soll den anderen dienen!

Wir „kommen" alle aus der Welt und tragen die Denkweise der Welt in uns.

Jesus möchte unser Paradigma bzw. unsere Denkweise ändern und uns eine andere Perspektive über uns selbst und über die Welt, die uns umgibt, geben.

Es gibt so viele Paradigmen, die in unserem Leben Raum einnehmen müssen, damit wir in Übereinstimmung mit Gottes Reich sind. Indem wir nach diesen neuen Paradigmen leben, leben wir anders als die Menschen von der Welt, und ab diesem Moment werden wir wirkliche Zeugen von Jesus Christus sein, nicht nur mit unseren Worten, sondern auch durch konkrete Taten.

Die Jünger lebten nicht nach einer Religion mit Regeln, Ritualen und Gesetzen, sondern nach dem Geist, der sie führte.

Sie hörten beständig auf Ihn und ließen den Fluss Seines Geistes in sich und durch sich fließen. So erhielten sie Zugang zu den unerschöpflichen Ressourcen des Himmels und wurden nicht länger von den Begrenzungen dieser Erde aufgehalten.

Auf diese Weise zu leben ist, in Übereinstimmung mit dem Himmel zu wandeln, was dazu führen wird, dass der Himmel auf die Erde hereinbrechen wird, sodass „Sein Reich komme wie im Himmel so auch auf Erden". Das bedeutet, dass die göttliche Ordnung überall dort hergestellt wird, wo immer Er der Herr ist.

Damit wir auf diese Weise leben können, müssen wir verstehen, wer wir wirklich sind. Wir müssen von unseren Wunden geheilt sowie von den falschen Gedankenmustern dieser Welt und von ihren Begrenzungen befreit sein.

Folglich werden wir nicht mehr in der falschen Realität wandeln, die uns umgibt, sondern in der Wahrheit, die uns freisetzt, sodass wir Glanzleistungen erreichen.

Wir müssen realisieren, dass in jedem Einzelnen von uns ein gigantisches Potenzial steckt, das zum Segen für uns sowie für die Leute um uns herum ist, um die Welt zu verändern.

Gott hat uns die Fülle gegeben. Im Denken Gottes bedeutet Fülle, dass von allem genug da ist für uns, aber auch genug, um die zu segnen, die um uns herum sind.

Die Reise, die ich empfehle, muss zuerst in uns selbst beginnen, jedoch nicht alleine. Wir benötigen wohlgemerkt die Hilfe des Heiligen Geistes und der Schrift, aber wir brauchen auch

Warum sollen wir Jünger sein und zu Jüngern machen?

einander. Das ist auch der Grund, weshalb Jüngerschaft so wichtig ist.

Kurz gesagt, Gott will nicht, dass unser Leben beeinflusst wird von unseren Ängsten, unserer Kultur, unserer Vergangenheit, unserem familiären oder sozialen Hintergrund, unserer Erziehung oder unserem Umgang mit Finanzen (falls letzteres im Widerspruch zu Seinem Wort steht). Stattdessen will Er, dass wir frei sind, um auszuführen, wozu wir bestimmt sind, als Katalysatoren bzw. Bedienstete für Veränderung, als Weltveränderer.

Das ist einer der Gründe, warum Jesus uns aufruft Jünger zu sein und Jünger zu machen.

Kehren wir zu den beiden Fragen zurück, die zu Beginn des Kapitels aufgestellt wurden : Warum ist es wichtig, ein Jünger zu sein und warum sollte man Jünger machen ?

Die Antworten auf diese Fragen müssen tief in uns verankert sein. Wir müssen fest von der Notwendigkeit überzeugt sein, dass wir erstens Jünger sein und zweitens Jünger machen müssen.

Ohne diese Überzeugung werden wir in unser alltägliches Leben zurückkehren, ohne uns um das Reich Gottes zu kümmern und ohne dem Befehl des Herrn zu gehorchen, welcher ist : Hinzugehen und zu Jüngern zu machen. Wir werden in unsere alten Gewohnheiten zurückkehren.

Die Frage lautet also : Warum sollen wir Jünger machen ?

Ich habe bereits darauf geantwortet. Ich bin tief überzeugt, dass diese Fragen die Frucht aus meinem Bibelstudium und meiner Intimität mit Gott sind.

Damit dies auch für Sie so ist, werden wir gemeinsam in der Heiligen Schrift sehen, was uns über dieses Thema gelehrt wird.

Zunächst einmal hat Jesus uns einen Befehl gegeben und wir wollen diesem Befehl gehorchen.

Und Jesus trat herzu, redete mit ihnen und sprach : Mir ist gegeben alle Macht im Himmel und auf Erden. So geht nun hin und macht zu Jüngern alle Völker, und tauft sie auf den Namen des Vaters und des Sohnes und des Heiligen Geistes und lehrt sie alles halten, was ich euch befohlen habe. Und siehe, ich bin bei euch alle Tage bis an das Ende der Weltzeit ! Amen. (Mt. 28,18-20)

Jesus hat die Hälfte der Zeit seines Dienstes für die Ausbildung von seinen Jüngern verwendet und uns damit gezeigt, welche Bedeutung er diesem Thema beimisst.

Führen Sie sich dies klar vor Augen : Jesus kommt auf die Erde, Er weiß, dass Er eine Gemeinde zu gründen hat, die die Zeiten überdauern, die über mehrere Tausend Jahre bestehen bleiben und durch Schwierigkeiten sowie Verfolgungen gehen muss. Er hat die Hälfte der Zeit Seines Dienstes in die Ausbildung von zwölf Personen investiert.

Ich bin fest davon überzeugt, dass Er weiß, was Er tut, warum Er es tut und mit welcher Methode Er es tut.

Der Beweis hierfür ist, dass die Gemeinde die Jahrhunderte sowie Verfolgungen überlebt hat und dass sie fortwährend wächst sowie Einfluss hat und das Reich Gottes etabliert.

Der nächste Punkt ist, dass Jesus uns auffordert, Früchte zu bringen, die bleiben. Um dies zu tun, rät Er uns, Jünger zu machen.

Warum sollen wir Jünger sein und zu Jüngern machen?

Wenn ihr Frucht im Überfluss bringt und so beweist, dass ihr meine Jünger seid, dann wird die Herrlichkeit meines Vaters vor den Augen aller offenbar werden. (Joh. 15,8 ; frei übersetzt aus dem Französischen)

Der Beweis dafür, dass wir wirklich seine Jünger sind, ist, dass wir Frucht im Überfluss bringen.

Jünger zu machen ist der beste Weg, um die Welt mit dem Evangelium zu erreichen. Jesus, seine zwölf Apostel und der Apostel Paulus sind Beispiele, die uns die Effektivität von Jüngerschaft demonstrieren.

Eine kleine Gruppe von ausgebildeten und trainierten Jüngern wird mehr Einfluss haben als viele Christen, denen es an geistlicher Tiefe fehlt.

Jünger zu machen ist, wie Sie sich erinnern, die Strategie Gottes, um die Welt zu erreichen.

Ein Institut, das sich mit dem Wachstum der Kirche beschäftigt, hat Folgendes berechnet : Wenn jeder Jünger einen anderen dazu gewinnt und diesen ein Jahre lang trainiert und nach diesem Jahr beide jeweils zwei neue Jünger trainieren, welche wiederum andere trainieren, dann wäre die gesamte Welt in 32 Jahren errettet. Etwas weiter hinten im Buch finden Sie ein Diagramm, das dies anschaulich macht.

Jünger zu machen ermöglicht es den Leuten, geistlich zu wachsen. Reife kommt nicht automatisch mit dem Alter, durch die Erfahrung oder das Wissen, wie einige denken.

Reife ist die Frucht von unserem Gehorsam gegenüber dem Herrn und Seinem Wort.

Im Weiteren habe ich weitere Vorteile eines Jüngers aufgeführt :

Unser Wohlstand und der unserer Kinder wird groß sein : „Alle deine Söhne werden Jünger des Herrn sein und groß wird der Wohlstand deiner Söhne sein." (Jes. 54,13 ; frei übersetzt aus dem Französischen)

Einem Jünger kann man vertrauen : „Als nun Saulus nach Jerusalem kam, versuchte er, sich den Jüngern anzuschließen ; aber sie fürchteten ihn alle, weil sie nicht glaubten, dass er ein Jünger sei." (Apg. 9,26)

Die Jünger fürchteten sich vor ihm, weil sie nicht glaubten, dass er wirklich ein Jünger sei. Wenn jemand wirklich ein Jünger ist, können wir ihm vertrauen, da sein Leben dem Herrn hingegeben ist und er nicht mehr seine eigenen Interessen verfolgt, sondern die von Jesus und Seinem Reich.

Jünger zu sein, ist in den Schriften gegründet und verankert zu sein. Dies wird uns dazu befähigen, falsche Lehren zu erkennen und Menschen, die sich beispielsweise in eine Sekte verirrt haben, zur Bekehrung zu führen.

Ich denke, dass Sie alle wissen, dass wir in den letzten Zeiten leben. Die Bibel spricht von unterschiedlichen Kriterien, die uns erkennen lassen, dass wir in den letzten Zeiten sind, so auch der nachstehende Text :

Nun sagt uns der Heilige Geist ausdrücklich, dass manche sich am Ende der Zeit von dem abwenden werden, was wir glauben ; sie werden auf Lügen hören und Lehren folgen, die von Dämonen stammen. Diese Lehrer sind Heuchler und Lügner, aber ihr Gewissen ist nicht erlöst. Sie werden behaupten, es sei falsch, zu heiraten, und falsch, bestimmte Dinge zu essen. Doch Gott hat

Warum sollen wir Jünger sein und zu Jüngern machen?

diese Nahrungsmittel geschaffen, damit wir sie dankbar essen; denn wir sind Menschen, die die Wahrheit kennen und an sie glauben. (1. Tim. 4,1)

Dieser Abschnitt sagt uns, dass betrügerische Geister und von Dämonen inspirierte Lehren gang und gäbe sein werden, und dass diese viele dazu verleiten werden, sich vom Glauben abzuwenden.

Indem wir Jünger machen, ermöglichen wir es den Leuten nicht allein falsche Lehren zu unterscheiden, sondern auch den Geist zu erkennen, der „diese Lügenprediger" antreibt.

Denn eine der Grundlagen von Jüngerschaft ist: Das Wort Gottes.

Wenn ihr in mir bleibt und meine Worte in euch bleiben, so werdet ihr bitten, was ihr wollt, und es wird euch zuteilwerden. Dadurch wird mein Vater verherrlicht, dass ihr viel Frucht bringt und meine Jünger werdet. (Joh. 15,7-8)

In Christus zu bleiben bedeutet, in Seinem Wort zu bleiben.

Menschen, die keine Jünger werden wollen, werden geistlich nicht wachsen. Und das wird verschiedene Konsequenzen haben.

Sie sind empfindlich und lassen sich schnell verletzen. Obwohl Jesus uns empfohlen hat, nicht so zu sein.

Denn wenn ihr den Menschen ihre Verfehlungen vergebt, so wird euer himmlischer Vater sie auch euch vergeben; wenn ihr sie aber den Menschen nicht vergebt, so wird euer Vater euch eure Verfehlungen auch nicht vergeben. (Mt. 6,14-15)

Es fehlt ihnen an Stabilität. Man kann nicht für längerfristig mit ihnen bauen, denn sie werden von jedem Wind der Lehre fortgerissen.

Sie öffnen ihre Herzen nicht weit genug und lassen den Samen des Wortes Gottes dort nicht seinen Platz finden und die notwendige Veränderung herbeiführen.

Sie hinterfragen, anstatt einfach dem Wort zu glauben.

Sooft jemand das Wort vom Reich hört und nicht versteht, kommt der Böse und raubt das, was in sein Herz gesät ist. Das ist der, bei dem es an den Weg gestreut war. (Mt. 13,19)

Im Gegensatz hierzu ist ein Jünger in der Lage, Probleme zu überwinden. Er hat es gelernt beständig zu sein.

Aber wie bei jungen Pflanzen in einem solchen Boden reichen ihre Wurzeln nicht sehr tief ; wenn sie wegen ihres Glaubens auf Schwierigkeiten stoßen oder verfolgt werden, geben sie wieder auf. (Mk. 4,17)

Jünger zu sein ist, langfristige Beziehungen zu anderen aufzubauen, enge Freundschaften zu knüpfen, es bedeutet eine Familie zu haben, Teil von einem Ganzen zu sein, zum Leib Christi zu gehören und eine gemeinsame Vision zu teilen.

Jünger zu sein ist, Leute, die im Glauben reifer sind, regelmäßig zu treffen, Leute, die uns lehren und die zu unseren Freunden geworden sind. Das ist wirklich ein Segen !

Nach ihrer Freilassung kehrten Petrus und Johannes zu den Ihrigen zurück und berichteten ihnen alles, was die Hohenpriester und die Ältesten zu ihnen gesagt hatten. (Apg. 4,23)

Warum sollen wir Jünger sein und zu Jüngern machen?

Mit den Jüngern teilt Jesus mehr als mit einer Person, die nur eine Kirche besucht ohne, dass sie ein Jünger ist.

Jesus gebrauchte viele solcher Gleichnisse, um den Menschen die Botschaft Gottes verständlich zu machen. Er verwendete immer Gleichnisse, wenn er zu den Leuten sprach. Aber seinen Jüngern erklärte er alles, wenn er mit ihnen allein war. (Mk. 4,33-34)

Jesus wendet sich zuerst an Seine Jünger. Sie sind es, denen er es als Erste „gibt".

Und er befahl der Volksmenge, sich in das Gras zu lagern, und nahm die fünf Brote und die zwei Fische, sah zum Himmel auf, dankte, brach die Brote und gab sie den Jüngern ; die Jünger aber gaben sie dem Volk. (Mt. 14,19)

Bevor Er der Menge austeilt, gibt Jesus zuerst seinen Jüngern. Sie stehen in privilegierter Beziehung zum Herrn verglichen mit der Menge oder denjenigen, die sich nicht zur Jüngerschaft verpflichtet haben.

Die wahre Familie Jesu sind seine Jünger : „Da sagte jemand zu ihm : Deine Mutter und deine Brüder stehen draußen und wünschen dich zu sprechen. Er aber gab dem, der es ihm meldete, zur Antwort : Wer ist meine Mutter, und wer sind meine Brüder ? Dann streckte er seine Hand aus zu seinen Jüngern hin und sagte : Seht, diese hier sind meine Mutter und meine Brüder ; denn wer den Willen meines himmlischen Vaters tut, der ist mein Bruder und Schwester und Mutter ! " (Mt. 12,47-50)

Der Herr teilt Sein Herz mit Seinen Jüngern : „Jesus rief seine Jünger und sagte zu ihnen : Ich habe Erbarmen mit dieser Volksmenge. Sie sind schon seit drei Tagen hier bei mir und haben nichts zu essen. Ich will sie nicht fastend wegschicken, damit es ihnen auf dem Heimweg nicht an Kraft mangelt." (Mt. 15,32)

Ein Jünger hört die Stimme Gottes und weiß daher, wie er den Menschen richtig antwortet, wie er sie ermutigt, erbaut oder ermahnt : „Gott, der Herr, hat mir die Zunge eines Jüngers gegeben, damit ich weiß, wie ich den Müden ermutigen kann. Morgen für Morgen öffnet er mir das Ohr, damit ich höre, wie ein Jünger hört." (Jes. 50,4)

Ein Jünger ist erfüllt mit Freude und mit Heiligem Geist : „Die Jünger aber wurden voll Freude und Heiligen Geistes." (Apg. 13,52)

Der Herr hat immer dafür gesorgt, Leute zu den unterschiedlichen Gemeinden zu senden, die selbst gefestigt sind und dazu in der Lage sind, auch andere, die Seine Jünger werden wollen, zu stärken. „Und nachdem er einige Zeit dort zugebracht hatte, zog er weiter und durchreiste nacheinander das Gebiet von Galatien und Phrygien und stärkte alle Jünger." (Apg. 18,23)

Die Jünger zu stärken ist effektiver als zu evangelisieren.

Stellen Sie sich folgendes vor : Eine Person gewinnt erfolgreich Seelen für Christus und auf diese Weise kommt täglich eine Seele für Christus hinzu, während eine andere Person jedes Jahr einen Jünger ausbildet.

Derjenige, der täglich eine Person dazu gewinnt, wird nach einem Jahr 365 Seelen dazu gewonnen haben, wohingegen der, der Jünger macht, nur einen trainiert haben wird.

Der Unterschied aber, der sich im Laufe der Zeit immer stärker auswirkt, ist, dass ein Jünger immer einen anderen Jünger trainiert, der wiederum einen anderen trainiert, was deutlich effektiver sein wird als zu evangelisieren. Das folgende Diagramm veranschaulicht dies :

Warum sollen wir Jünger sein und zu Jüngern machen?

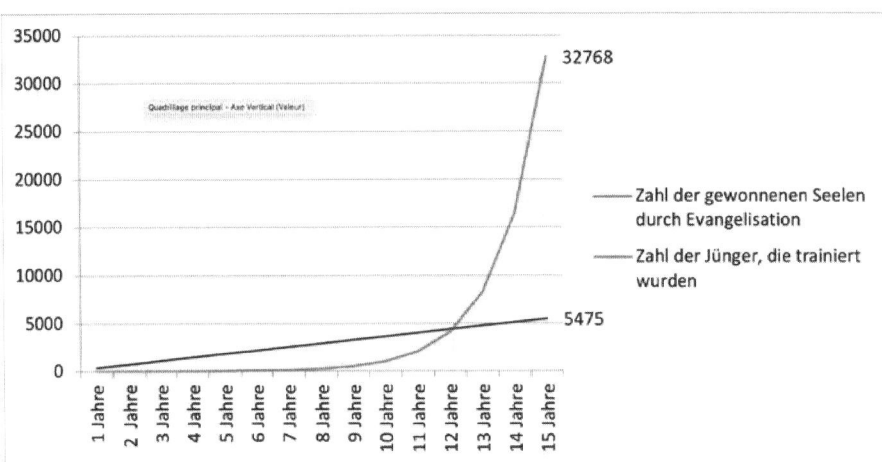

Derjenige, der evangelisiert, addiert die erretteten Seelen, wohingegen sie bei dem, der Jünger macht, multipliziert werden.

Indem wir Jünger sind und andere zu Jüngern machen, werden wir effektiv wachsen!

Wissenschaftler sagen, unser Gedächtnis behält...

- 10 % dessen, was wir hören.
- 20 % von dem, was wir sehen.
- 50 % dessen, was wir anderen mitteilen.
- **90 % von dem, woran wir aktiv teilnehmen, was wir in die Praxis umsetzen.**

Aus diesem Grund ist diese Buchreihe interaktiv gestaltet und verlangt Ihre Mitarbeit.

Mein Ziel besteht darin – ich wiederhole mich - zu bewirken, dass Sie Frucht bringen.

Um das zu erreichen, ist es unbedingt erforderlich, dass Sie sich aktiv beteiligen.

Es ist gut möglich, dass einige Leser seit mehreren Jahren bekehrt sind und einen Teil der Lehren, die hier behandelt werden, bereits kennen. Dennoch möchte ich Sie ermutigen, es nochmals und mit einem geöffneten Herzen zu lesen und dabei dem Geist Gottes zu erlauben, dass er Seine Worte in Ihr Innerstes eingraviert bzw. einschreibt. Sodass Seine Worte - in Ihnen - zu Geist und Leben werden und auf diese Weise Leben kommunizieren.

Denn das Ziel besteht nicht darin, sich mehr Wissen anzusammeln, sondern nach dem folgenden Prinzip in Sein Ebenbild umgestaltet zu werden :

Wir lehren, was wir wissen, wir reproduzieren, was wir sind.

Erinnern wir uns an das Beispiel von Jesus. Die Leute waren es gewohnt, dass die Pharisäer sie lehrten. Als aber Jesus lehrte, fanden sie, dass etwas anders sei : Nämlich, dass Seine Worte lebendig sind und das Leben in sich tragen, sodass sie in ihre Herzen dringen und sie verändern.

Da gerieten sie allesamt in Staunen, so daß sie sich miteinander besprachen und sich befragten : Was ist dies ? Eine neue Lehre mit (göttlicher) Vollmacht ! Auch den unreinen Geistern gebietet er, und sie gehorchen ihm ! (Mk. 1,27)

Und sie erstaunten sehr über seine Lehre, denn sein Wort war mit Vollmacht. (Lk. 4,32)

Auch bei Petrus war es so : „Als sie aber das hörten, drang es ihnen durchs Herz, und sie sprachen zu Petrus und den anderen Aposteln : Was sollen wir tun, ihr Brüder ? " (Apg. 2,37)

Ein weiterer Vorteil des Trainierens von Jüngern ist, dass unsere Gaben und Talente fruchtbar werden. Und das ist, was

Warum sollen wir Jünger sein und zu Jüngern machen?

Jesus von uns erwartet, wie uns auch der nachfolgende Text verrät:

Denn es ist wie bei einem Menschen, der außer Landes reiste, seine eigenen Knechte rief und ihnen seine Habe übergab: Und einem gab er fünf Talente, einem anderen zwei, einem anderen eins, einem jeden nach seiner eigenen Fähigkeit; und reiste außer Landes. Sogleich aber ging der, welcher die fünf Talente empfangen hatte, hin und handelte mit ihnen und gewann andere fünf Talente. So auch, der die zwei empfangen hatte, auch er gewann andere zwei. Der aber das eine empfangen hatte, ging hin, grub ein Loch in die Erde und verbarg das Geld seines Herrn. Nach langer Zeit aber kommt der Herr jener Knechte und rechnet mit ihnen ab. Und es trat herbei, der die fünf Talente empfangen hatte, und brachte andere fünf Talente und sagte: Herr, fünf Talente hast du mir übergeben, siehe, andere fünf Talente habe ich dazugewonnen. Sein Herr sprach zu ihm: Recht so, du guter und treuer Knecht! Über weniges warst du treu, über vieles werde ich dich setzen; geh hinein in die Freude deines Herrn. Es trat aber auch herbei, der die zwei Talente empfangen hatte, und sprach: Herr, zwei Talente hast du mir übergeben; siehe, andere zwei Talente habe ich dazugewonnen. Sein Herr sprach zu ihm: Recht so, du guter und treuer Knecht! Über weniges warst du treu, über vieles werde ich dich setzen; geh hinein in die Freude deines Herrn. Es trat aber auch herbei, der das eine Talent empfangen hatte, und sprach: Herr, ich kannte dich, dass du ein harter Mann bist; du erntest, wo du nicht gesät, und sammelst, wo du nicht ausgestreut hast; und ich fürchtete mich und ging hin und verbarg dein Talent in der Erde; siehe, da hast du das Deine. Sein Herr aber antwortete und sprach zu ihm: Böser und fauler Knecht! Du wusstest, dass ich ernte, wo ich nicht gesät, und sammle, wo ich nicht ausgestreut habe? So solltest du nun mein Geld den Wechslern gegeben haben, und wenn ich kam, hätte ich das Meine mit Zinsen erhalten. Nehmt ihm nun das Talent weg, und gebt es dem, der die zehn Talente hat! Denn jedem, der hat, wird gegeben und überreichlich gewährt werden ; von dem aber, der nicht hat, von dem wird selbst, was er hat, weggenommen werden. (Mt. 25,14-29)

Diesem Gleichnis können wir ein erstes Prinzip entnehmen :

Wir können unseren Zustand und den der anderen nicht verbessern, indem wir unsere Ressourcen, Gaben, Talente und Mittel, die uns zur Verfügung gestellt sind, begraben, sondern, indem wir sie entwickeln und fruchtbar machen.

Gleiches gilt für das Prinzip von Reife. Man wächst nicht, weil man Lust darauf hat, sondern weil es eine Notwendigkeit ist.

Alles, was Gott erschaffen hat, schuf Er, damit es wächst und sich multipliziert.

Wenn wir nicht wachsen, nimmt man uns sogar das weg, was wir haben.

Reife kommt durch die Verwaltung von Personen und Gütern und sie beginnt bei uns selbst.

Ich bin die erste Person, die Gott mir anvertraut hat.

Dieses Prinzip von Reife steht in direktem Zusammenhang mit dem Auftrag zu herrschen, den Gott uns von Beginn an gegeben hat.

Dann sprach Gott : Lasst uns Menschen machen als Abbild von uns, uns ähnlich. Sie sollen über die Fische im Meer herrschen, über die Vögel am Himmel und über die Landtiere, über die ganze Erde und alles, was auf ihr kriecht ! Da schuf Gott den Menschen nach seinem Bild, er schuf ihn als sein Ebenbild, als Mann und Frau schuf er sie. Gott segnete sie dann und sagte zu ihnen : Seid fruchtbar und vermehrt euch ! Füllt die Erde und macht sie euch

Warum sollen wir Jünger sein und zu Jüngern machen?

untertan! Herrscht über die Fische im Meer, über die Vögel am Himmel und über alle Tiere, die auf der Erde leben! (1. Mos. 1,26-28)

Dieser Befehl ist eng mit dem Thema des Buches verbunden, welches darin besteht, die Nationen zu Jüngern zu machen.

Da trat Jesus auf sie zu und sagte: Mir ist alle Macht im Himmel und auf der Erde gegeben. Darum geht zu allen Völkern und macht die Menschen zu meinen Jüngern. Dabei sollt ihr sie auf den Namen des Vaters, des Sohnes und des Heiligen Geistes taufen und sie belehren, alles zu befolgen, was ich euch geboten habe. Und seid gewiss: Ich bin jeden Tag bei euch bis zum Ende der Zeit! (Mt. 28,18-20)

Bei beiden Mandaten geht es um Herrschaft und um Multiplikation.

Gottes Plan war es, dass der Mensch die Erde beherrscht und sich auf ihr vermehrt. Aber mit dem Sündenfall verlor der Mensch die Natur Gottes. Dies ist auch einer der Gründe, weshalb Jesus kam: Um dem Menschen das Leben Gottes zurückzugeben. Es handelt sich um das Leben „zoé". Das Leben von Gott selbst.

Findet er dieses Leben in Ihm (Gott) wieder, kann der Mensch sich reproduzieren, indem er Jünger macht, er kann von neuem über die Erde herrschen und hat dieselbe Natur von Jesus wiedergefunden.

Ein anderes Ziel ist, dass Gottes Ebenbild in uns wiederhergestellt wird.

Wir wissen aber, dass denen, die Gott lieben, alle Dinge zum Besten dienen, denen, die nach dem Vorsatz berufen sind. Denn die er zuvor ersehen hat, die hat er auch vorherbestimmt, dem

Ebenbild seines Sohnes gleichgestaltet zu werden, damit er der Erstgeborene sei unter vielen Brüdern. (Röm 8,28-29)

Diese Aufträge gehen zurück auf die Fähigkeit, das verwalten zu können, was Gott uns anvertraut hat. Wir sind seine Stellvertreter, seine Botschafter auf Erden : „So sind wir nun Botschafter für Christus, und zwar so, dass Gott selbst durch uns ermahnt ; so bitten wir nun stellvertretend für Christus : Lasst euch versöhnen mit Gott ! " (2. Kor. 5,20)

Aufgrund von diesem Potenzial ist es wichtig, dass wir lernen, all das, was uns anvertraut ist, gut zu verwalten.

In der Bibel sind deutlich mehr Verse über Verwaltung, Leitung und Geld zu finden als über jegliche, sonstige Themenbereiche. Gott ist ein Gott der Ordnung nicht der Unordnung, und die gesamte Schöpfung bezeugt uns dies. Organisches Leben entwickelt sich nach einer organisierten Struktur und auch das gesamte Universum beruht auf sichtbarer oder unsichtbarer Organisation.

In der Gemeinde besteht unsere Herausforderung darin, das rechte Gleichgewicht zwischen dem natürlichen Leben und organisierten Strukturen zu finden.

Das Leben ist für niemanden immer nur leicht, und gewiss haben wir an der Startlinie nicht alle dieselben Gaben : Wir werden in Ländern, Kulturen und Familien mit sehr unterschiedlichen Voraussetzungen geboren.

Wir werden mit unterschiedlichen körperlichen und intellektuellen Fähigkeiten geboren. Trotz allem ist es aber sehr wichtig, zu verstehen und zu akzeptieren, dass Gott niemanden bevorzugt.

Warum sollen wir Jünger sein und zu Jüngern machen?

In Gottes Augen haben wir alle den gleichen Wert, egal ob wir weiß, schwarz, gelb, reich oder arm geboren sind.

Wir könnten stundenlang darüber philosophieren und versuchen, dieses Phänomen zu verstehen, und dennoch würden wir ebenso unfähig bleiben, es zu verändern, was auch immer es sei.

Wir müssen also diese Tatsache akzeptieren und gleichzeitig feststellen, dass die Natur und sogar die Funktionsweise der Dreieinigkeit diese Realität begründen: Auf einer horizontalen Achse sind Gott, der Vater, Gott, der Sohn, und Gott, der Heilige Geist, alle drei Gott. Sie sind gleichwertig. Auf einer vertikalen Achse, in ihren Fähigkeiten oder besser gesagt ihren jeweiligen Aufgabenbereichen, gibt es etwas, das man als Priorisierung der Dienste bezeichnet: Gott, der Vater, sendet den Sohn, welcher den Geist Gottes sendet. Ihr Wert ist gleich, doch ihre Aufgaben sind verschieden. Wir finden diese Realität auch in der Beziehung im Paar, in der Familie oder in der Gemeinde wieder.

Im Gleichnis mit den Talenten wird diese Tatsache ebenfalls deutlich: Die Knechte haben nicht alle dieselbe Anzahl von Talenten. Sie haben nicht alle dieselbe Fähigkeit noch dieselben Aufgabenbereiche oder das gleiche Amt. Das hat aber nichts mit ihrem Wert in den Augen des Meisters oder der Liebe, die er für sie hat zu tun. Der Meister lobt den, der fünf Talente hat, ebenso sehr wie den, der zwei hat.

Es geht um die Treue bei der Verwaltung dessen, was einem anvertraut worden ist. Es geht nicht um die Quantität.

- 4 wichtige Prinzipien.

Das Verständnis vom Gleichnis der Talente bringt mich dazu, 4 grundlegende Prinzipien daraus abzuleiten, diese werden

Sie, wenn Sie sie in die Praxis umsetzen, dazu führen, Ihre Möglichkeiten in Ihrem Leben erfolgreich zu sein, zu maximieren.

Es handelt sich um mehr als nur Prinzipien. Es handelt sich um vier aufeinanderfolgende Stufen, die Sie zu größerer Zufriedenheit im Leben sowie mit sich selbst führen werden. Diese Prinzipien sind weder magisch noch mühelos. Stattdessen handelt es sich vielmehr um Orientierungspunkte, die den Hinweisen einer Straßenkarte entsprechen. Den Weg auf einer Straßenkarte zu finden ist sehr gut. Doch das allein bringt Sie noch nicht ans Ziel. Dasselbe gilt auch für diese Prinzipien, die vier präzise Etappen darstellen.

Um das Potenzial, das Gott uns gegeben hat, zahlreich zu entfalten, müssen wir :

1. Unsere Talente und Fähigkeiten entdecken.
2. Diese weiterentwickeln und trainieren.
3. Unsere Prioritäten enger setzen.
4. Gelegenheiten suchen.

I. ENTDECKEN

Die Entdeckung der eigenen Talente stellt verständlicherweise die erste Stufe zur Entwicklung der eigenen Kapazitäten dar. Das Prinzip ist ganz einfach : Wir können nicht entwickeln, was wir nicht kennen, noch die Gabe entfalten, von der wir nicht wissen, dass sie existiert.

„Das Entdecken kommt durch Offenbarung, die Gott uns gibt. Offenbarung davon, wer wir sind und was er möchte, wer wir sind."

Offenbarung über unsere Identität in Christus ist eine der Grundlagen für stetige Veränderung. Aus diesem Grund wird

Identität auch eine der ersten Lehren sein, die in dieser Buchreihe behandelt werden.

Der Herr hat mich diese grundlegende Wahrheit durch die Texte des Apostel Paulus und ganz besonders durch den Brief an die Römer gelehrt.

„Das Sein kommt vor dem Tun."

Paulus sagt, dass er wie ein weiser Architekt baut : „Gemäß dem Auftrag, den Gott, in seiner Gnade, mir anvertraut hat, habe ich wie ein weiser Architekt das Fundament bei euch gelegt. Auf diesem Fundament baut jetzt ein anderer auf. Nur soll jeder darauf achtgeben, wie er baut." (1. Kor. 3,10 ; frei übersetzt aus dem Französischen)

Bevor er baut, legt Paulus zuerst das Fundament. Es ist interessant zu sehen, dass Paulus den Ausdruck „wie ein weiser Architekt" verwendet. Viele Menschen wollen und können bauen, doch das Ziel jeder Konstruktion besteht darin, dass sie gemäß dem Plan Gottes gebaut und von Dauer ist. Dafür benötigt man göttliche Weisheit.

Die Weisheit hat ihr Haus gebaut und ihre sieben Säulen behauen. (Sp. 9,1)

Durch Weisheit wird ein Haus gebaut, und durch Einsicht wird es fest gegründet. (Sp. 24,3)

Unsere Fähigkeiten, Talente und die Richtung für unser Leben zu erkennen ist grundlegend.

Das an sich mag einfach scheinen, doch es gibt nur sehr wenige Menschen, die sich ihrer wahren Fähigkeiten tatsächlich bewusst sind.

Wahrscheinlich haben Sie das auch schon einmal erlebt : Sie entdecken plötzlich bei einem alten Freund ein verstecktes Talent, weil er Angst hatte es herauszustellen. Dieses Phänomen unangemessener Bescheidenheit zeugt nicht von Geistlichkeit, sondern von Schuldigkeit. Erinnern Sie sich daran, dass sich Adam und Eva, nachdem sie die Frucht vom Baum der Erkenntnis des Guten und Bösen gegessen hatten und als sie die Stimme des Herrn im Garten hörten, versteckten.

Die Schuldigkeit in uns führt uns dazu, Dinge zu verstecken, obwohl Gott ein Gott der Offenbarung ist.

Die Bibel lehrt uns, dass alles, was wir verstecken, eines Tages vor den Augen aller aufgedeckt sein wird. An diesem Tag werden nicht nur nicht-bekannte Sünden offenbar, sondern auch die Talente und Gaben, die wir nicht genutzt haben.

Es ist traurig festzustellen, dass der Ort mit den meisten Gaben und Talenten der Friedhof ist.

All unser ungenutztes Potenzial wird vom Meister gerichtet werden, der von uns verlangen wird, dass wir Rechenschaft darüber ablegen. An jenem Tag können wir nicht wie Adam behaupten : „Die Frau ist schuld.", die wiederum behauptete : „Die Schlange ist schuld."… Wir können nicht sagen : „Es liegt an meinen Eltern, meinem Chef, meinem Pastor, dass ich meine Gaben nicht fruchtbar gemacht habe.". Denn Gott wird uns dafür verantwortlich machen, dass wir unser Potenzial verborgen haben.

Unser Potenzial zu aktualisieren meint ganz einfach, das zu entdecken und reichlich zu nutzen, was Gott uns gegeben hat.

Warum sollen wir Jünger sein und zu Jüngern machen?

Vor diesem Hintergrund nun 3 Grundprinzipien :

1.   Schauen Sie auf das, was Sie haben !

Das Problem im Leben ist nicht „nicht zu haben", sondern sich nicht dessen bewusst zu sein, was man hat.

Ich möchte Sie ermutigen, hierzu im Buch Ruth das Leben der Naomi zu studieren. Denn es zeigt uns, dass selbst wenn wir alles verloren haben, uns immer noch etwas oder jemand übrigbleiben wird. In gleicher Weise können wir am Leben von Joseph sehen, dass Gott uns nie auf dem Boden des Brunnens zurücklässt und, dass sich Seine Pläne in unserem Leben immer erfüllen werden, wenn wir nur treu und mutig sind.

Wenn Sie Ihre Talente und Fähigkeiten entdecken wollen, müssen Sie Ihre eigene Inventur machen : Wo liegen meine Vorlieben, Talente, Stärken, Interessenfelder etc..

Viele Menschen haben Angst davor, sich dieser Aufgabe zu stellen, denn sie befürchten, dass sie nichts finden könnten.

Doch da möchte ich folgende Frage stellen : Woher kommt diese Angst ? Von welchem Baum kommt diese Angst ?

Selbstverständlich liegt der Ursprung nicht bei Gott, sondern beim Feind unserer Seelen, der verhindern will, dass Gottes Pläne auf dieser Erde zustande kommen.

Denken Sie daran : Es ist absolut unmöglich, kein Talent zu haben.

Auch wenn sie manchmal nicht so offensichtlich sind, ist doch jeder Mensch mit Begabungen beschenkt. Um diese Aufgabe meistern zu können, muss man manchmal – ohne sich zu genieren – Freunde um Hilfe bitten, die uns dann das aufzeigen können, was für unsere Augen nicht immer sichtbar ist.

2.   Schauen Sie nicht passiv auf das, was die anderen haben !

Leider tappen viele Menschen in die Falle des Vergleichens. Sie schauen auf andere und begehren deren Eigenschaften, deren Gaben, während sie bei sich selbst denken, dass ihr Leben ganz anders wäre, wenn sie nur die Fähigkeiten von den anderen hätten. Zu wissen, was die anderen haben ist nicht das Problem, aber es geht vielmehr darum, zu wissen, was WIR selber haben.

Wenn wir uns mit den anderen vergleichen, dann gehen wir davon aus, dass Gott ungerecht ist. Im Grunde genommen fragen wir uns dann : „Warum hat so einer oder so eine etwas, was ich nicht habe ? ". Und wir lassen uns von unseren eigenen Gedanken oder dem Feind selbst davon überzeugen, dass wir, wenn wir nur das hätten, was der andere hat, sicherlich erreichen könnten, wozu Gott uns beruft. Mit anderen Worten : Wir glauben dann, dass Gott uns zu Dingen beruft, zu denen wir nicht fähig sind. Das führt zu einer passiven und inaktiven Haltung.

Hierbei handelt es sich eindeutig um eine Lüge und Falle des Teufels !

Es ist gut (und richtig), nach den Gaben zu streben, nach allen Gaben. Ich denke auch, dass wir manche Gaben von anderen Leuten, die wir bewundern bis zu einem bestimmten Grad beobachten und sie auf unser eigenes Leben übertragen können. Aber ich glaube, dass Gott jedem von uns Gaben gegeben hat, die uns eigen sind. Er verlangt von uns einfach, dass wir diese Gaben entdecken (Dahinter steht die Vorstellung von einem Schleier, der von einer Sache genommen wird, die zuvor verborgen war) und, dass wir unsere Gaben fruchtbar machen.

Warum sollen wir Jünger sein und zu Jüngern machen?

Darauf zu schauen, was die anderen haben, hilft uns nur dann weiter, wenn es für uns als ein Beispiel dient, das wir dann auf unser Leben anwenden.

3. Schauen Sie nicht auf das, was Sie nicht haben!

Ich sage es nochmals: Viele Menschen glauben, dass sie, wenn sie nur dieses oder jenes hätten, erfolgreich sein würden. Sie schauen auf das, was sie nicht haben und nicht auf das, was sie haben.

Diese Einstellung ist nicht biblisch. Es ist nicht die Gesinnung eines Jüngers von Jesus Christus.

Die Herausforderung im Leben ist nicht, „nicht zu haben", sondern zu wissen, was man mit dem tut, was man hat!

II. ENTWICKELN ODER TRAINIEREN.

Entdecken ist nicht gleich entwickeln! Es gibt viele Leute mit Talenten...jedoch unbearbeitete. Viele haben musikalische Begabungen, aber nur wenige werden wahre Musiker. Viele sind mit einer schönen Stimme begabt, aber nur wenige werden zu talentierten Sängern und Sängerinnen. Viele haben hervorragende körperliche Fertigkeit, nur wenige werden Sportler auf hohem Niveau. Viele lieben Gott und sein Wort, wenige werden kompetente Lehrer.

Wir müssen also über das Entwickeln bzw. Trainieren nachdenken. Entwicklung und Training ist für den Menschen so, wie das Wachstum für die Natur ist. Der Unterschied ist, dass das Wachstum der Natur nicht durch den Willen bewirkt wird, sondern durch die Kraft des Lebens. Das Entwickeln hingegen kommt dadurch, dass eine Person den Wunsch hat zu wachsen, den Willen besitzt, sich an die Arbeit zu begeben und die entdeckten Gaben fruchtbar zu machen und zuletzt wird es durch die übernatürliche Multiplikation, die vom Leben Gottes in uns produziert wird, herbeigeführt.

"Entwicklung und Training kommt von der aufgewandten Energie, von der Arbeit, die wir getan haben, um die Distanz zu verringern, die zwischen dem liegt, was wir sind und was Gott will, was wir sind ! "

Jeder weiß, dass ein Hochleistungssportler mit seinem Trainer eine Strategie zur Entwicklung und Erhaltung seiner Fähigkeiten verfolgt.

Es besteht kein wesentlicher Unterschied zwischen einem Hochleistungssportler und einem Athleten des Evangeliums.

Nachfolgend finden Sie vier Strategien, die Ihnen in dieser zweiten entscheidenden Phase helfen werden :

- Erkennen Sie Ihre Verantwortung.

Es ist Ihre Verantwortung, das, was Gott Ihnen anvertraut hat, fruchtbar zu machen. Niemand sonst kann das für Sie tun. Viele Menschen warten auf andere, als wäre es die Aufgabe einer externen Quelle, sie zu entdecken. Niemand wird an Ihrer Stelle das fruchtbar machen, was Gott Ihnen persönlich gegeben hat.

Dennoch ist es wichtig, sich dessen bewusst zu werden, dass kein Sportler von hohem Niveau seine Ziele ohne einen Trainer erreicht.

Wenn Sie also allein verantwortlich sind, müssen Sie sich auch bewusst sein, dass Sie ohne einen Trainer nichts erreichen werden.

Warum sollen wir Jünger sein und zu Jüngern machen?

Entsprechend dem Spielniveau, auf dem Sie spielen möchten, müssen Sie Gott bitten, Ihnen einen jeweiligen Trainer an die Seite zu stellen, der auf diesem Spielniveau spielt. Das kann ein geistlicher Vater oder eine geistliche Mutter sein.

Es ist auf jeden Fall jemand, dem Sie sich verpflichten und der Sie in Ihrer Entwicklung begleitet.

Das, was ich hier anspreche, ist gleichzeitig eine der Grundlagen von Jüngerschaft. Ich verwende den Begriff des „Trainers", damit Sie gut verstehen, was ich damit versuche, deutlich zu machen.

Es kann sein, dass ein Sportler sein Leben lang denselben Trainer behält. Es kann auch sein, dass er mehrere Trainer hat, je nach Niveau, auf dem er sich bewegt. Aber alle diese Trainer werden wichtige Personen in seinem Leben sein, ohne die er das Ziel nicht erreicht hätte.

Ohne Trainer keine Medaille! Ist Ihnen schon einmal aufgefallen, wem ein Spitzensportler bei seinem Sieg als erstem dankt? Seinem Trainer!

Kurz gesagt, im christlichen Leben sind Sie dafür verantwortlich, dass die Gaben, die Sie erhalten haben, Früchte tragen, und um Ihnen dabei zu helfen, sollten Sie Gott eindringlich darum bitten, Ihnen einen Trainer an die Seite zu stellen (biblisch gesehen ist hiermit ein reiferer Jünger gemeint).

- Die Blockaden beseitigen.

In dem Gleichnis gibt es drei leicht zu identifizierende Blockaden:

1. Angst:

Der Diener, der sein Talent nicht fruchtbar gemacht hat, gibt zu, dass er Angst hatte und gegangen ist, um sein Talent zu verstecken. Die meisten Menschen weigern sich, zu lernen oder Fortschritte zu machen, weil sie Angst haben vor dem, was sie bei sich selbst entdecken werden.

Stellen Sie sich vor, dass die Angst wie das Bremspedal eines Autos ist, dass das Kupplungspedal dem Wunsch und der Wille dem Gaspedal entsprechen.

Sie verstehen, dass es unmöglich ist, sich mit dem Fuß auf der Bremse vorwärts zu bewegen. Das ist ein Grundprinzip in der Ausbildung. Wenn wir den Fuß auf der Bremse haben, kann die Angst sogar bewirken, dass wir böse werden, und genau das ist, was der Herr seinem Diener in erster Linie vorwirft : Seine Bosheit.

Der Wunsch danach, voran zu gehen, muss freigesetzt werden, indem man die Kupplung und Bremse loslässt und beschleunigt.

Wer erinnert sich nicht daran, dass er, bevor er Fahrstunden genommen hat, sich völlig unfähig dazu fühlte, ein Auto zu fahren und es gar nicht erst versuchen wollte ?

Nun, wenn wir uns wie der ängstliche Diener aus dem Gleichnis verhalten, steht fest, dass wir nie vorankommen werden. Es handelt sich um einen Teufelskreis, der leicht aufzudecken ist : Wenn man etwas nie versucht, kann man auch nie wissen, ob man dazu fähig wäre.

2. Faulheit :

Faulheit - also der Widerwille gegen Arbeit und Anstrengung - und Passivität sind Verhaltensweisen, die der Entwicklung und dem Training entgegenstehen.

Warum sollen wir Jünger sein und zu Jüngern machen?

Auch hierbei ist das Prinzip sehr einfach : Wenn Sie sich nicht bewegen, wird sich nichts bewegen. Passivität und Faulheit sind „kontraproduktiv".

Zu Recht wirft der Herr dem letzten Diener seine Faulheit vor. Faulheit oder Passivität kann eine Konsequenz von Angst sein : Weil man es nicht gewagt hat, eine Sache zu versuchen, wird man passiv und nimmt eine abwartende Haltung ein.

Stattdessen müssen wir zu Aktivität übergehen !

Ich würde nicht wollen, dass der Herr mich eines Tages so zurechtweist wie Er diesen Diener im Wort zurechtgewiesen hat und mich dann als faul bezeichnet.

Faulheit führt zu Passivität.

Ich werde später, im nächsten Buch, ein Kapitel der Passivität widmen. Viele der Leute, die diese Botschaft, die ich im Laufe der Schulungen in unserer Bibelschule weiterentwickelt habe bzgl. Angst, Faulheit und Passivität hörten, haben sich in dem einen oder anderen Gebiet davon betroffen gefühlt.

Wie ich bereits gesagt habe : Jede Veränderung beginnt mit einer Offenbarung, bzw. dass man sich einer Sache bewusst wird.

3. Sichtweise :

Viele Menschen haben eine falsche Sicht. Es fehlt ihnen an Vision. Ein Blinder wird begrenzt durch die Länge seiner Arme, aber ein Visionär durch die Weite seiner Vision.

Wir werden limitiert durch das, was wir erkennen, und was wir erkennen, hängt zum Teil vom Zustand unseres Herzens ab. Wir müssen daher Acht geben, welche Dinge wir in unserem Herzen abladen, denn im Herzen sind die Quellen des Lebens. „Mehr als alles, was man sonst bewahrt, behüte dein Herz ! Denn in ihm entspringt die Quelle des Lebens." (Sp. 4,23)

Das macht aus uns wahrscheinlich noch keine Visionäre, aber zumindest Menschen, die fähig sind, die Realität zu erkennen.

Der dritte Diener hat den Herrn als einen harten Mann gesehen, obwohl die ersten beiden in keiner Weise betonen, dass der Herr hart war. Es ist einfach nur eine Frage der Sichtweise.

III. VERENGEN SIE IHRE PRIORITÄTEN

Was tat der Diener, nachdem er sein Talent versteckt hatte ? Worum hatte ihn der Meister gebeten ? Was hätten die Verantwortungen und Prioritäten dieses Dieners sein sollen ?

Viele Gläubige legen für sich keine Prioritäten fest (oder sie legen sie schlecht fest).

Sich Prioritäten zu setzen, hilft Ihnen dabei, sich zu fokussieren. Es ist wie mit einem Laserstrahl, der seine Kraft darauf hält, worauf er konzentriert ist, auf ein Ziel. All seine Energie ist auf ein Ziel zentralisiert bzw. gebündelt.

Das Leben von Paulus ist beispielhaft für dieses Prinzip : „Ich richte meinen Lauf auf das Ziel aus, um den Siegespreis zu erringen, der unserer himmlischen Berufung durch Gott in Christus Jesus verheißen ist." (Phil. 3,14)

IV. NACH GELEGENHEITEN SUCHEN

Der Diener hatte eine günstige Gelegenheit gehabt, um dem Geltung zu verleihen, was der Meister ihm gegeben hatte. Er

Warum sollen wir Jünger sein und zu Jüngern machen?

verpasste diese Gelegenheit, nicht, weil sie nicht da war, sondern, weil er ihren Wert nicht erkannte.

Er suchte nicht nach den Möglichkeiten, die er hätte haben können, um die Gelegenheit zu ergreifen, die sein Meister vorgeschlagen hat. Dasselbe gilt für viele von uns. Wir sehen die Gelegenheiten, die sich uns bieten nicht, weil wir sie – ganz einfach - auch nicht suchen.

Meiner Meinung nach bedeutet eine Gelegenheit zu suchen nicht zwangsläufig, dass wir aus uns selbst heraus günstige Gelegenheiten oder geeignete Umstände schaffen - obwohl ich glaube, dass es manchmal nötig ist, Umstände durchs Fasten oder Gebet herbeizuführen – aber es bedeutet vor allem fähig zu sein, die Umstände zu erkennen, die es uns ermöglichen, die günstigen Gelegenheiten zu ergreifen, die der Meister uns gibt.

Ich kann Ihnen versichern, dass es hundertmal mehr sind als Sie sich vorstellen mögen.

Denken Sie, Gott würde uns sagen, dass „alle Dinge denen zum Besten wirken, die Gott lieben, die nach seinem Vorsatz berufen sind", wenn das Leben nicht voller Gelegenheiten wäre, die es zu ergreifen gilt?

Selbst unsere härtesten Prüfungen sind Gelegenheiten, die Gott uns gibt, damit wir reifer werden, unsere Gaben entwickeln und trainieren, damit wir lernen, das zu verwalten, was er uns anvertraut hat.

Aus diesem Grund konnte der Apostel Jakobus Folgendes sagen:

Liebe Brüder, wenn in schwierigen Situationen euer Glaube geprüft wird, dann freut euch darüber. Denn wenn ihr euch darin bewährt, wächst eure Geduld. Und durch die Geduld werdet ihr bis zum Ende durchhalten, denn dann wird euer Glaube zur vollen Reife gelangen und vollkommen sein und nichts wird euch fehlen. (Jak. 1,2-4)

ZUSAMMENFASSUNG

Ich habe eine gute und eine schlechte Nachricht für Sie. Die schlechte ist, dass Gott uns dafür verantwortlich macht, unsere Gaben und Talente fruchtbar zu machen und sie zu multiplizieren.

Dies ist von niemand anders abhängig als von Ihnen. Warten Sie nicht darauf, dass Jesus von Seinem Thron herabsteigt, um uns eine Privatstunde zu geben oder dass der Heilige Geist plötzlich einen Zauberstab schwingt und uns begabt macht (Es ist wahr, dass das schon vorgekommen ist, jedoch handelt es sich dabei um Ausnahmen und nicht um die Regel.).

Die eigenen Gaben zu entwickeln, erfordert von uns Arbeit und Strenge bzw. Gewissenhaftigkeit. Und nachdem Sie dies nun gehört haben, können Sie nicht mehr behaupten: „Ich habe davon nichts gewusst".

Die gute Nachricht ist, dass wir – um unser volles Potenzial entwickeln zu können – realisieren müssen, dass Gott jeden von uns in gleicher Weise liebt. Er bevorzugt keinen. Er hat uns allen, entsprechend unseren Fähigkeiten, zahlreiche Gaben und Talente anvertraut und erwartet von uns, dass wir sie fruchtbar machen.

Wenn wir bereit sind, uns an die Arbeit zu machen, belohnt Er uns, indem Er es uns ermöglicht, das zu erfüllen, wozu wir geschaffen worden sind.

Warum sollen wir Jünger sein und zu Jüngern machen?

Es gibt kein größeres Glück auf Erden als den Willen Gottes zu erfüllen. Und darin sind wir mehr als Überwinder, indem wir die Werke des Glaubens tun.

Nun, nachdem wir diese verschiedenen Prinzipien studiert haben, ist es wichtig, sie in Gedanken zu behalten und damit zu unserer Vision zurückzukehren, nämlich Jünger zu machen.

Diese Prinzipien sind grundlegend, um aus uns vollendete Jünger zu machen, und sie helfen uns dabei, andere zu Jüngern zu machen. Es sind Prinzipien, die Sie denen beibringen sollten, die Sie ausbilden.

Indem wir Jünger sind und zu Jüngern machen, kehren wir zurück zum ursprünglichen Plan Gottes für die Menschen.

Und Gott segnete sie, und Gott sprach zu ihnen: Seid fruchtbar und vermehrt euch, und füllt die Erde, und macht sie euch untertan; und herrscht über die Fische des Meeres und über die Vögel des Himmels und über alle Tiere, die sich auf der Erde regen! (1. Mos 1,28)

Schon von Anfang an, seit der Schöpfung, sehen wir, dass eines der grundlegenden Prinzipien, die Gott aufgestellt hat und die wir verstehen und uns merken sollten, darin besteht, dass alles, was Gott geschaffen hat, dazu erschaffen ist, dass es wächst und sich multipliziert.

Wenn es nicht wächst und sich nicht multipliziert, müssen wir nach den Ursachen dafür suchen.

- Tun wir, was Gott von uns verlangt ?
- Tun wir es auf Gottes Art und Weise ?
- Tun wir es in Gottes Zeitplan ?
- Haben wir gute Beziehungen bzw. guten Umgang ?
- Haben wir die richtigen Informationen ?
- Sind wir am rechten Ort ?

Ich schreibe dies, weil ich es für entscheidend halte, dass man Wachstum und Vermehrung erwartet. Das ist eine wichtige Herzenshaltung, die wir haben sollten.

Was ich Ihnen auch mitgeben möchte, ist, dass das Jünger-Sein und Jünger-Machen Ihnen Gelegenheit geben wird, eine Vision zu bekommen, die klar und deutlich ist.

Warum sollen wir Jünger sein und zu Jüngern machen?

Eine Vision zu haben ist etwas sehr Wichtiges, weil es uns ermöglicht :

- Zu wissen, was zu tun ist.
- Zu wissen, was wir nicht tun sollten.
- Konzentriert zu bleiben.
- Unseren Fortschritt zu messen.
- Uns wieder neu auszurichten.
- Einen Sinn für unser Leben zu haben.
- Mit Scharfblick voranzugehen.
- Motiviert zu sein und voranzudrängen.
- Kritik keine Aufmerksamkeit zu schenken, so dass wir uns nicht von der Vision ablenken lassen.
- Strategisch zu sein.
- Strukturiert zu sein.
- Planen zu können (sowohl fähig dazu zu sein als auch die Möglichkeit dazu zu haben).

Sie wissen, dass wir dazu berufen sind, mit Jesus zu regieren, aber die Position, die wir in der Ewigkeit haben werden, wird dadurch festgelegt, was Christus durch unser Leben auf der Erde erreichen konnte.

Gottes Absicht ist es, sein Königreich zu gründen. Der Sinn unseres Lebens besteht darin, dass wir für die ewige Herrschaft mit Christus trainiert werden.

Aber die Heiligen des Allerhöchsten werden die Königsherrschaft empfangen, und sie werden die Königsherrschaft bis in Ewigkeit behalten, ja, bis in alle Ewigkeit ! (Dan. 7,18)

Aber das Königreich, die Herrschaft und die Macht über die Königreiche unter dem ganzen Himmel wird dem Volk der Heiligen des Allerhöchsten gegeben werden ; sein Reich ist ein ewiges Reich, und alle Mächte werden ihm dienen und gehorchen ! (Dan. 7,27)

Dann wird der König zu denen auf seiner rechten Seite sagen : Kommt her, ihr von meinem Vater Gesegneten ! Empfangt als euer Erbe das Königtum, das für euch seit Grundlegung der Welt bereitgehalten ist. (Mt. 25,34)

Wer da überwindet, dem werde ich verleihen, mit mir auf meinem Thron zu sitzen, wie auch ich überwunden und mich mit meinem Vater auf seinen Thron gesetzt habe. (Off. 3,21)

Welch ein Ruf, was für eine Berufung, was für ein Privileg !

Aber Vorsicht, es geht dabei nicht um Leistung. Lassen Sie mich erklären : Wenn Gott Sie dazu beruft, 1.000 Jünger auszubilden und Sie bilden 999 aus, dann werden Sie nicht den gesamten Auftrag Gottes erfüllt haben.

Wenn andererseits eine Person dazu berufen ist, eine Person zu trainieren und dies auch tut, so wird ihre Belohnung groß sein.

Zum Schluss möchte ich noch auf einen letzten Vorteil zu sprechen kommen, den ich entdeckt habe, obgleich es natürlich noch weitere gibt.

Worin besteht die größte Freude auf Erden ?

Eine Seele zu Christus zu führen, mögen Sie mir antworten. Sicherlich, aber es gibt noch eine größere Freude : Nämlich zu sehen, wie diese Seele in Christus wächst. „Ich sage euch, so wird auch Freude sein im Himmel über einen Sünder, der Buße tut, mehr als über neunundneunzig Gerechte, die keine Buße brauchen ! " (Lk. 15,7)

Wir verherrlichen den Vater dadurch, dass wir viel Frucht tragen. „Dadurch wird mein Vater verherrlicht, dass ihr viel Frucht bringt und meine Jünger werdet." (Joh. 15,8)

Warum sollen wir Jünger sein und zu Jüngern machen?

Um dieses Kapitel abzuschließen, möchte ich noch einen entscheidenden Punkt, der besonders wichtig ist, hinzufügen.

Dieses Buch hat zum Ziel, Sie zu einem vollendeten Jünger zu machen, der Seinem Meister ähnlich ist und viel Frucht bringt.

Dies wird jedoch nur dann möglich sein, wenn Sie Gemeinschaft mit Ihm haben, wenn Sie zuallererst Jünger Jesu sind.

Ihre Priorität muss Ihre Beziehung mit Jesus sein.

Bleibt in mir, und ich werde in euch bleiben. Denn eine Rebe kann keine Frucht tragen, wenn sie vom Weinstock abgetrennt wird, und auch ihr könnt nicht, wenn ihr von mir getrennt seid, Frucht hervorbringen. Ich bin der Weinstock; ihr seid die Reben. Wer in mir bleibt und ich in ihm, wird viel Frucht bringen. Denn getrennt von mir könnt ihr nichts tun. (Joh. 15,4-5)

Ich ermutige Sie, über diesen Text zu meditieren, denn es handelt sich um eine der Grundlagen unseres christlichen Lebens.

Die Grundlage von Jüngerschaft ist die Kombination der vertikalen Beziehung zu Gott mit der horizontalen Beziehung zu den anderen. Zusammen bilden diese beiden Beziehungen ein Kreuz, welches ebenfalls ein wichtiger Bestandteil in dem Leben eines Jüngers ist, wie Sie auch im weiteren Verlauf dieses Buches erfahren werden.

Hier noch einmal eine kurze Zusammenfassung des Kapitels:

Jünger zu sein und Jünger zu machen hat viele Vorteile :

- Erstens : Jesus hat uns ein Gebot gegeben und wir wollen dieses Gebot befolgen.
- Jünger zu machen ermöglicht es uns geistlich zu wachsen.
- Unser Wohlstand und der unserer Kinder wird groß sein.
- Einem Jünger kann man vertrauen.
- Ein Jünger zu sein bedeutet, in den Schriften gegründet zu sein. So können wir falsche Lehren erkennen.
- Wir werden nicht anfällig oder empfindlich sein.
- Wir werden Stabilität haben.
- Wir werden lernen, unsere Herzen zu öffnen.
- Ein Jünger schafft es, Probleme zu überwinden, er hat es gelernt, auszuharren.
- Ein Jünger zu sein bedeutet, langfristige Beziehungen aufzubauen, enge freundschaftliche Beziehungen. Es bedeutet, eine Familie zu haben, Teil eines Ganzen zu sein, dem Leib Christi anzugehören und eine gemeinsame Vision mit anderen Jüngern zu teilen.
- Ein Jünger zu sein bedeutet, mit Menschen, die im Glauben schon reifer sind, Kontakt zu pflegen, Menschen, die uns lehren und die zu unseren Freunden geworden sind. Das ist ein wahrer Segen.
- Bevor er der Menge gibt, gibt Jesus zuerst Seinen Jüngern. Sie haben nämlich eine privilegierte Beziehung zu ihm im Vergleich zu der Menge oder denjenigen, die sich nicht zu Jüngerschaft verpflichtet haben.
- Die wahre Familie Jesu sind Seine Jünger.
- Der Herr teilt Sein Herz mit Seinen Jüngern. (Er gibt ihnen Offenbarungen).
- Ein Jünger hört die Stimme Gottes. Daher weiß er, wie er den Menschen angemessen antwortet, sie ermutigt, sie erbaut oder ermahnt.
- Ein Jünger ist mit Freude und Heiligem Geist erfüllt.
- Der Herr hat immer Diener gesandt, um Seine Jünger zu

Warum sollen wir Jünger sein und zu Jüngern machen?

stärken.
• Jünger-Machen ist effektiver als zu evangelisieren.
• Ein weiterer Vorteil von Jüngerschaft besteht darin, dass unsere Gaben, unsere Talente fruchtbar sein werden. Und das ist es, was Jesus von uns erwartet.
• Ein Jünger übernimmt Verantwortung für sein Leben.
• Er lernt zu erkennen, was Gott von ihm möchte.
• Er legt seine Prioritäten besser fest.
• Er hat eine klare Vision über die Dinge.
• Er führt aus, wozu er geschaffen worden ist.
• Ein Jünger lebt mit dem Auftrag, der ihm anvertraut worden ist, inklusive allem, was dies mit sich bringt.
• Er tut Gottes vollkommenen Willen, was für ihn das Wichtigste ist.
• Ein Jünger verherrlicht den Vater, denn er bringt Frucht.

Fragen :

→ Was sind die Vorteile am Jünger-Sein und Jünger-Machen ?
→ Was muss unsere Priorität sein ?
→ Was ist die Grundlage von Jüngerschaft ?
→ Welche Prinzipien, die in diesem Kapitel definiert wurden, ermöglichen es Ihnen, Frucht zu bringen und so Gott zu verherrlichen ?

Gebet.

Herr, ich bitte dich, mir zu helfen, die Gaben und Talente zu entdecken, die Du in mich hineingelegt hast. Hilf mir, sie fruchtbar zu machen, hilf mir, mit meiner Zeit so umzugehen, dass ich das Maximum an Früchten bringen kann, um Dich zu ehren und so Dein Reich zu bauen !

Kapitel 2.

Was ist ein Jünger ?

Die Antwort auf diese Frage ist besonders wichtig, da wir erst wissen können, ob wir ein Jünger sein wollen, wenn wir auch wissen, was ein Jünger ist. So werden wir auch, wenn wir darüber mit anderen sprechen, herauszufinden, ob die Person, die wir trainieren, wirklich ein Jünger sein möchte.

Die Arbeit der Gemeinde ist, Jünger zu machen.

- Was bedeutet das ?
- Was ist ein Jünger gemäß der Lehre Jesu ?
- Wie können wir Jünger sein und zu Jüngern machen ?

Solange wir keine konkreten Antworten auf diese Fragen haben, laufen wir Gefahr, den Plan Gottes für unser Leben zu verpassen !

Das griechische Wort für Jünger lautet *„mathetes"*.

Das meint einen Schüler, einen Lernenden, einen Jünger.

Was ist ein Jünger?

Eines der Worte, die von diesem Wort abgeleitet werden, ist *„manthano"*. Es kann die folgenden zwei Bedeutungen annehmen :

1. Ein Jünger von jemandem sein, seinen Grundsätzen und Anweisungen folgen.
Oder :
2. Einen Jünger machen, lehren, unterweisen.

Wenn man die erste Bedeutung vertieft, findet man noch folgende weitere Umschreibungen : nehmen, empfangen, lernen, Lehre empfangen, studieren, die eigene Erkenntnis vermehren, zunehmen an Wissen, hören, informiert werden, durch Anwendung und Umsetzung lernen, die Gewohnheit haben, sich an etwas gewöhnen...

Aus den obigen Definitionen können wir schlussfolgern, dass ein Jünger eine Person ist, die sich belehren lässt, durch eine andere Person, durch Anwendung, durch das Wort, durch Jesus, durch den Vater, durch den Heiligen Geist und durch die Praxis.

Wir werden in diesem Kapitel noch weitere Definitionen eines Jüngers betrachten, aber bevor wir damit fortfahren, wollen wir uns noch einmal den Gründen zuwenden, weshalb wir Jünger machen sollen.

- Um der großen Aufgabe, die Gott uns anvertraut hat, zu gehorchen.
- Es ist ein Befehl von Jesus.
- Es ist die Methode, die Jesus benutzte.
- Es ist die Strategie von Jesus.
- Wir lernen, indem wie praktizieren.
- Wir werden Fehler machen und aus ihnen lernen.
- Es ist zahlenmäßig das am schnellsten ansteigende Wachstum.
- Es ist der Weg, der zur Reife führt, sowohl für die Person, die trainiert wird als auch für die, die trainiert.
- Es ist der beste Weg, um nicht allein unsere Erkenntnis, sondern auch unsere Gaben und unseren Lebensstil weiterzugeben.
- Es ist biblisch.
- Die Urgemeinde hat Jüngerschaft gemacht.
- Es ist das Werkzeug, durch das wir Frucht bringen werden.
- Wir segnen die anderen und die anderen segnen uns.
- Es ist die Art und Weise, durch die wir Christus Raum geben, in uns zu wachsen.

Weiter oben haben wir verschiedene Gründe gesehen und davon gelesen, dass es notwendig ist, Jünger zu machen.

Diese ganze Aufzählung führt uns zurück zum grundlegenden Abschnitt von Jüngerschaft, zum Auftrag, den Jesus jeder einzelnen Person gibt :

Jesus trat auf sie zu und sagte : Mir ist alle Macht im Himmel und auf der Erde gegeben. Darum geht zu allen Völkern und macht die Menschen zu meinen Jüngern ; tauft sie auf den Namen des Vaters, des Sohnes und des Heiligen Geistes und lehrt sie, alles zu befolgen, was ich euch geboten habe. Und seid gewiss : Ich bin jeden Tag bei euch, bis zum Ende der Welt. (Mt. 28,18-20)

Dieser Text steht in der Befehlsform.

Beim genaueren Studieren können wir mehrere wichtige Punkte erkennen, anhand derer wir unsere Aufgabe besser verstehen und gleichzeitig überprüfen können, ob wir nach der Vision des Herrn handeln.

Der erste Punkt, der hervorzuheben ist, ist, dass Jesus uns sagt : „Geht ! "

Das bedeutet, dass wir nicht die Leute einladen müssen zu uns zu kommen, wie wir es normalerweise tun, sondern, dass wir dahin gehen müssen, wo sie sind.

Die Botschaft lautet nicht „kommt", sondern „geht".

Die Menschen, zu denen wir gehen werden, sind Menschen, die noch nicht Christen sind.

Es gibt zwei Arten von Menschen auf der Erde : Diejenigen, die Christen sind und diejenigen, die noch nicht Christen sind, aber es noch werden können.

Dies sollten wir im Hinterkopf behalten.

Darüber hinaus ruft Jesus uns auf, Jünger zu machen und nicht nur Gemeindemitglieder. Oft reicht es uns, wenn neue Menschen unserer Gemeinde beitreten, aber das ist nicht ausreichend.

Jesus möchte, dass wir noch weiter gehen.

In der Passage aus Matthäus, die wir gerade gelesen haben, kommen einige Ausdrücke vor, die ich betonen möchte. Zunächst einmal : „von allen Nationen". Es betrifft also jede Person und nicht nur einige wenige.

Dann beauftragt Jesus uns, sie zu „taufen".

Und ebenso „lehrt sie, zu befolgen".

All diese Menschen, die wir erreichen, müssen verstehen, dass sie in ein neues Königreich mit einem neuen König hinübergewechselt sind, und dass dieser König nicht mehr ihre eigene kleine Persönlichkeit ist, sondern Er, Jesus.

Diese Botschaft von Jüngerschaft war für die Juden der damaligen Zeit nichts Neues, übrigens nicht allein für die Juden damals, sondern auch für die heutzutage lebenden Juden ist es noch so. Eines Tages, als ich mich für unsere jährliche Reise nach Israel auf dem Flughafen befand, tauschte ich ein paar Worte mit einem Rabbiner aus, der sich direkt neben mir befand.

Voller Stolz erzählte er mir : „Der Rabbiner, den Sie dort drüben sehen, ist einer von meinen Jüngern".

Ich denke nicht, dass dieser kurze Wortwechsel ein Zufall war.

Es weckte meine Aufmerksamkeit und ich begann der Frage nachzugehen, was ein Jünger nach jüdischem Verständnis ist. Hier folgt nun, was ich dabei herausfand :

Jesus war ein Rabbiner. Die Aufgabe des Rabbiners ist es, Jünger zu haben und sie auszubilden.

Die Rabbiner waren besonders respektiert. Der Jünger eines wohlbekannten Rabbiners zu sein war eine große Ehre.

Was ist ein Jünger?

Die Rabbiner sollten nicht nur große Kenntnis von der Heiligen Schrift haben, sondern auch durch ihr Beispiel zeigen, wie man nach dem Wort lebt.

Was ein Jünger anstrebte, war, die Erkenntnis vom Rabbiner zu bekommen, aber noch viel mehr, sich auch seinen Charakter anzueignen.

Von einem Jünger wurde erwartet, dass er, wenn er heranreifte, selbst auch Jünger lehrt und ausbildet.

Die Jünger verließen ihre Arbeit und ihre Familien, um sich dem Rabbiner anzuschließen und ihm nachzufolgen.

Sie waren 24 von 24 Stunden mit dem Rabbiner zusammen, zogen mit ihm von Stadt zu Stadt, lehrten, arbeiteten, aßen und studierten gemeinsam.

Die Jünger waren vermutlich die Diener des Rabbiners, sie unterstanden seiner Autorität und kümmerten sich um seine Belange.

Das Wort Rabbiner bedeutet „Meister", was ein Ausdruck großen Respekts war.

Die Beziehung zwischen Rabbiner und Schüler war sehr eng. Ein Rabbiner war wie ein Vater für seinen Schüler.

Ich erinnere mich, wie ich mich eines Tages im Zug mit orthodoxen Juden unterhielt. Im Laufe des Gesprächs fragte mich ein junger Mann dieser Gruppe: „Wer ist Ihr Rabbiner?".

Da ich nicht verstand, wieso er mir diese Frage stellte, erkundigte ich mich später diesbezüglich bei einem Freund, der messianischer Jude ist. Mein Freund erklärte: „Er wollte wissen, wer dein Leben beeinflusst hat und welcher Denkströmung du angehörst."

Dann fügte er noch hinzu : „Du hättest ihm sagen sollen, dass es ein Rabbiner aus Nazareth war, der dich gelehrt hat ! ".

Das Konzept von Jüngerschaft ist tief im jüdischen Denken verankert und genau dieses Verständnis von Jüngerschaft hilft auch uns als Christen.

Wir sind stark darauf fokussiert, Informationen weiterzugeben, aber nicht unbedingt darauf, das Leben Jesu zu reproduzieren und Letzteres auch zu leben.

Natürlich ist es wichtig, Wahrheiten weiterzugeben, doch die Methode Jesu, um Jünger zu machen, geht weit darüber hinaus, und sie ist deutlich effektiver.

Er lebte zusammen mit Seinen Jüngern, damit sie so wurden wie Er ist.

Danach waren sie an der Reihe, andere zu lehren, und sie folgten Seinem Beispiel.

Im Reich Gottes gibt es ein übergeordnetes Gesetz, nämlich das Gesetz der Liebe. Dieses Gesetz ist zuallererst eine tiefe Beziehung, eine Beziehung von Herz zu Herz, in der wir lernen, gelehrt werden und die Erfahrungen von Geschwistern mitbekommen und sie miteinander teilen.

Das bedeutet, dass die Grundlage von Jüngerschaft Beziehung ist.

Was ist ein Jünger?

Diese Methode der Ausbildung, der Reproduktion, zeigt uns, dass Jesus nicht nur Herr über unsere Gedanken sein will, sondern auch über unser Herz und unser gesamtes Leben.

So werden wir Seine Zeugen sein und andere inspirieren.

Ein Jünger gibt also nicht nur sein Wissen weiter, sondern trainiert auch die Leute. Dies führt manchmal zu einer grundlegenden Veränderung der Gewohnheiten oder des allgemeinen Lebensstils.

Hieran erinnert uns der Apostel Jakobus im nachfolgenden Abschnitt :

Darum legt alle Unsauberkeit und den letzten Rest der Bosheit ab, und nehmt mit Sanftmut das euch eingepflanzte Wort an, das eure Seelen zu retten vermag. **Seid aber Täter des Wortes und nicht bloß Hörer, sonst betrügt ihr euch selbst.** *Denn wer nur ein Hörer des Wortes ist, aber kein Täter, der gleicht einem Menschen, der sein leibliches Gesicht im Spiegel beschaut ; denn nachdem er sich beschaut hat und weggegangen ist, vergißt er alsbald, wie er ausgesehen hat. Wer dagegen in das vollkommene Gesetz der Freiheit hineingeschaut hat und bei ihm verbleibt, indem er nicht ein vergeßlicher Hörer, sondern ein wirklicher Täter ist, der wird in seinem Tun selig sein.* (Jak. 1,21-25)

Diejenigen, die das Wort umsetzen, die sind es, die sich reproduzieren und eine Bewegung hervorbringen, die den Planeten revolutionieren wird.

Wir müssen die Gedanken, die in den folgenden Texten gezeigt werden, weitergeben sowie danach leben.

Wahrlich, wahrlich, ich sage euch : Wer an mich glaubt, der wird die Werke auch tun, die ich tue, und wird größere als diese tun, weil ich zu meinem Vater gehe. (Joh. 14,12)

Die Menschen müssen verstehen, dass sie eine neue Identität bekommen haben, dass sie eine neue Schöpfung sind und, dass sie von dieser Grundlage aus entsprechend dem leben müssen, zu dem sie geworden sind.

Wir müssen also das Sein und nicht das Tun betonen.

Das Tun wird folgen, und zwar auf ganz natürliche Weise.

Der zweite wesentliche Punkt ist, dass die Leute anderen mitteilen, was sie selbst empfangen haben.

Die Bibel lehrt uns dies zu tun : „Was ich dir vor vielen Zeugen als die Lehre unseres Glaubens übergeben habe, das gib in derselben Weise an zuverlässige Menschen weiter, die imstande sind, es anderen zu vermitteln." (2. Tim. 2,2)

Was ist ein Jünger?

Es anderen zu vermitteln, also das zu verbalisieren, was wir verstanden und gelernt haben, hat viele Vorteile :

- Wir verkünden, was wir gehört haben, und indem wir es verkünden, hören wir es selbst noch einmal, und das bewirkt in uns (oder stärkt unseren) Glauben.
- Ebenfalls gibt es uns die Gelegenheit, das zu analysieren, was wir aussprechen und so können wir überprüfen, ob wir wirklich verstanden haben, was man uns gelehrt hat.
- Die Jünger, die wir ausbilden, werden uns auch Fragen stellen, was uns wiederum zu mehr Klarheit und einer Vertiefung der Thematik führt.

Nach unserem Verständnis ist ein Jünger eine Person, die Lehre empfängt. Aber im biblischen Kontext empfängt ein Jünger, um weiterzugeben.

Geht aber hin, verkündigt und sprecht : Das Reich der Himmel ist nahe herbeigekommen ! Heilt Kranke, reinigt Aussätzige, weckt Tote auf, treibt Dämonen aus ! Umsonst habt ihr es empfangen, umsonst gebt es ! (Mt. 10,7-8)

Wie man das macht ?

Und lehrt sie alles halten, was ich euch befohlen habe. Und siehe, ich bin bei euch alle Tage bis an das Ende der Weltzeit ! Amen. (Mt. 28,20)

Das griechische Wort für „gehorsam sein" ist „*tereo*" und bedeutet : beachten, halten, schützen, bewahren, aufbewahren, anwenden, dabeibleiben.

Wenn wir dieses Gebot von Matthäus 28 : 20 befolgen wollen, muss uns klar sein, dass wir, um Zeugnis zu geben und Jünger zu machen oder neue Gemeinden zu gründen, eine Methode anwenden müssen.

Wir müssen :

• Die Christen mobilisieren und ihnen dabei helfen, in ihrer Berufung zu leben.
• Den Christen beibringen, Zeugnis zu geben, damit dies zu einem Lebensstil für sie wird.
• Jünger machen, die in der Liebesbeziehung zum Herrn wachsen.
• Anfangen, neue Werke zu tun.
• Jünger schnell zur Reife bringen, damit sie in der Lage sind, einen Dienst zu verwalten.

Dietrich Bonhoeffer ging in seiner Definition eines Jüngers noch weiter ! Er sagte :

Wenn Gott einen Menschen ruft, dann ruft Er ihn zu kommen und zu sterben.

Das ist radikal, aber heilsam.

Jesus selbst berief seine Jünger. Das zeigt uns, dass unsere Haltung ihm gegenüber absoluter Gehorsam sein sollte und uns dazu bringen sollte, zu arbeiten und das zu tun, was Er von uns verlangt.

Unsere primäre Motivation sollte die Liebe zu Ihm sowie unsere Teilhabe an Seinem Mitgefühl für die Menschen sein.

Damit Sie gut verstehen können, was ich hier aussagen möchte : Stellen Sie sich eine Person vor, die berufen ist, ihr Land bei den Olympischen Spielen zu repräsentieren. Diese Person

Was ist ein Jünger?

wäre sich ihrer Bedeutsamkeit und auch der damit verbundenen Verantwortung bewusst.

Aus diesem Grund würde sie vollen Einsatz zeigen, indem sie sich vorbereitet, arbeitet und alles gibt, um ihr Land würdevoll zu vertreten.

Exakt so sieht Gott auch uns und möchte, dass wir uns genauso sehen.

Der Apostel Paulus erinnert uns daran : „Und keiner, der in den Krieg zieht, verstrickt sich in die Angelegenheiten des täglichen Lebens, denn er will ja dem gefallen, der ihn in seine Armee aufgenommen hat. Auch wer an einem Wettkampf teilnimmt, kann nur gewinnen, wenn er sich an die Regeln hält. Bauern, die schwer arbeiten, erhalten als Erste Anteil an den Früchten ihrer Arbeit. Denke über meine Worte nach. Der Herr wird dir in all diesen Dingen das nötige Verständnis geben." (2. Tim. 2,4-7)

Es ist interessant, dass Paulus dies Timotheus weitergibt - kurz nachdem er ihm empfohlen hat, Jünger zu machen.

Darüber hinaus ermutigt Paulus Timotheus dazu, gut über diese Worte nachzudenken, da dies von entscheidender Wichtigkeit ist.

Wisst ihr nicht, dass die, welche in der Rennbahn laufen, zwar alle laufen, aber nur einer den Preis erlangt ? Lauft so, dass ihr ihn erlangt ! Jeder aber, der sich am Wettkampf beteiligt, ist enthaltsam in allem — jene, um einen vergänglichen Siegeskranz zu empfangen, wir aber einen unvergänglichen. So laufe ich nun nicht wie aufs Ungewisse ; ich führe meinen Faustkampf nicht mit bloßen Luftstreichen, sondern ich bezwinge meinen Leib und beherrsche ihn, damit ich nicht anderen verkündige und selbst verwerflich werde. (1. Kor. 9,24-27)

Auch wir wurden, wie diese Athleten, auserwählt. Das ist ein großes Vorrecht !

Ja, Geschwister, ihr seid von Gott geliebt ; wir wissen, dass er euch erwählt hat. (1. Thess. 1,4)

Gott hat uns auserwählt und Er liebt uns.

Schäme dich also niemals, vor anderen Menschen unseren Herrn zu bezeugen. Und schäme dich auch nicht für mich, obwohl ich für Christus im Gefängnis bin. Sei vielmehr durch die Kraft, die Gott dir gibt, bereit, gemeinsam mit mir für die Verbreitung der guten Botschaft zu leiden. Gott hat uns erlöst und berufen ; nicht aufgrund unserer Taten, sondern weil er schon lange, bevor es die Welt gab, entschieden hatte, uns durch Christus Jesus seine Gnade zu zeigen. (2. Tim. 1,8-9)

Der Ruf, ein Jünger zu sein, besteht in erster Linie darin, bei Ihm zu sein und eine tiefe, intime Beziehung mit Ihm zu entwickeln. Dies ist nur möglich, wenn wir ihm unser Herz vollständig öffnen.

Da dieses Kapitel uns zeigen soll, was es bedeutet ein Jünger zu sein, möchte ich den folgenden Vers zitieren :

Und er spricht zu ihnen : Folgt mir nach, und ich will euch zu Menschenfischern machen ! (Mt. 4,19)

Ein Jünger ist eine Person, die Jesus nachfolgt.

Deshalb ist es unbedingt notwendig, von Neuem geboren zu sein.

Der erste Schritt, um ein Jünger zu werden, ist, errettet zu werden, das heißt von Neuem geboren zu werden. „Jesus antwortete und sprach zu ihm : Wahrlich, wahrlich, ich sage dir :

Was ist ein Jünger?

Wenn jemand nicht von Neuem geboren wird, so kann er das Reich Gottes nicht sehen ! " (Joh. 3,3)

Ebenfalls ist ein Jünger eine Person, die es auf dem Herzen hat, die Verlorenen zu suchen, damit diese Verlorenen ihrerseits Jesus nachfolgen.

Ein weiterer wichtiger Punkt, den uns der Text offenbart, ist, dass ein Jünger nicht isoliert ist, sondern Teil einer Gemeinschaft von Menschen ist, die ebenfalls Jesus nachfolgen. Er hat also Beziehungen zu anderen Jüngern.

Jünger zu machen bedeutet somit, den Menschen dabei zu helfen :

- Jesus nachzufolgen.
- Die Verlorenen zu gewinnen.
- Beziehungen zu anderen Jüngern zu haben.

Ein Jünger zu sein ist, Beziehung auf drei Ebenen zu haben.

- Die Beziehung zu Jesus.
- Die Beziehung zu den Verlorenen.
- Die Beziehungen zu anderen Jüngern.

Ein Freund sagte mir eines Tages :

„Im Grunde müssen sich die Leute dreimal bekehren."

Als er mein Erstaunen bemerkte, fuhr er fort, indem er mir den Hintergrund seines Gedankens erklärte :

„Zuerst bekehren wir uns zu Jesus, das heißt, wir übergeben Ihm die Zügel unseres Lebens, wir gehorchen Ihm und nehmen unser Kreuz auf uns."

Da sprach Jesus zu seinen Jüngern : Wenn jemand mir nachkommen will, so verleugne er sich selbst und nehme sein Kreuz auf sich und folge mir nach ! (Mt. 16,24)

In einem der noch folgenden Bücher dieser Reihe werden wir behandeln, was es bedeutet, sein Kreuz auf sich zu nehmen. Das Kreuz ist ein wichtiger Begriff, denn der nächste Vers aus Matthäus 16 und der nachfolgende aus Lukas 14 lassen uns erkennen, dass wir, wenn wir uns weigern, das Kreuz auf uns zu nehmen - was Jesus von uns verlangt - nicht einer von seinen Jüngern sein können !

Wer nicht sein Kreuz trägt und mir nachfolgt, der kann nicht mein Jünger sein. (Lk. 14,27)

„Die zweite Bekehrung besteht darin, unseren Individualismus zu verlassen", fügte mein Freund hinzu.

Es ist tatsächlich sehr wichtig, tiefe Beziehungen zu anderen Jüngern aufzubauen. Zu diesem Thema werde ich auch noch ein Kapitel schreiben. Denn in diesen tiefen Beziehungen zu anderen Jüngern öffnen wir unser Herz, können transparent werden und Heilung, Korrektur, Ermutigung usw. empfangen.

„Die dritte Bekehrung" - so schlussfolgerte mein Freund – „besteht darin, das gemütliche Nest der Gemeinde, der brüderlichen Gemeinschaft, wo wir unter uns bleiben, zu verlassen, um in die Welt hinaus zu gehen und die Verlorenen zu suchen."

Das ist wahr ! Wir fühlen uns so gut in Gemeinschaft mit den neuen Freunden, die Gott uns geschenkt hat, dass wir die Beziehungen zu den Menschen in der Welt vernachlässigen.

Die nachfolgenden Punkte werden Ihnen zunächst dabei helfen, sich selbst zu prüfen. Ebenso werden sie Ihnen dazu

Was ist ein Jünger?

dienen, Jünger auszubilden und die Bereiche zu erkennen, in denen Ihre Jünger noch nicht die Herrschaft Jesu Christi in ihrem Leben angenommen haben.

Ein Jünger dient.

Da Jesus wusste, dass ihm der Vater alles in die Hände gegeben hatte und dass er von Gott ausgegangen war und zu Gott hinging, stand er vom Mahl auf, legte sein Obergewand ab, nahm einen Schurz und umgürtete sich; darauf goss er Wasser in das Becken und fing an, den Jüngern die Füße zu waschen und sie mit dem Schurz zu trocknen, mit dem er umgürtet war. Da kommt er zu Simon Petrus, und dieser spricht zu ihm: Herr, du wäschst mir die Füße? Jesus antwortete und sprach zu ihm: Was ich tue, verstehst du jetzt nicht; du wirst es aber danach erkennen. Petrus spricht zu ihm: Auf keinen Fall sollst du mir die Füße waschen! Jesus antwortete ihm: Wenn ich dich nicht wasche, so hast du keine Gemeinschaft mit mir. Simon Petrus spricht zu ihm: Herr, nicht nur meine Füße, sondern auch die Hände und das Haupt! Jesus spricht zu ihm: Wer gebadet ist, hat es nicht nötig, gewaschen zu werden, ausgenommen die Füße, sondern er ist ganz rein. Und ihr seid rein, aber nicht alle. Denn er kannte seinen Verräter; darum sagte er: Ihr seid nicht alle rein. Nachdem er nun ihre Füße gewaschen und sein Obergewand angezogen hatte, setzte er sich wieder zu Tisch und sprach zu ihnen: Versteht ihr, was ich euch getan habe? Ihr nennt mich Meister und Herr und sagt es mit Recht; denn ich bin es auch. Wenn nun ich, der Herr und Meister, euch die Füße gewaschen habe, so sollt auch ihr einander die Füße waschen; denn ein Vorbild habe ich euch gegeben, damit auch ihr so handelt, wie ich an euch gehandelt habe. Wahrlich, wahrlich, ich sage euch: Der Knecht ist nicht größer als sein Herr, noch der Gesandte größer als der ihn gesandt hat. Wenn ihr dies wisst, glückselig seid ihr, wenn ihr es tut! (Joh. 13,3-17)

Jesus ist unser Vorbild, unser vollkommenes, perfektes Vorbild.

Jesus nahm den Platz vom geringsten Sklaven eines Hauses ein. Der Sklave, der den Gästen die Füße wusch, war der letzte aller Sklaven, derjenige mit dem niedrigsten Rang.

Jesus konnte dies tun, weil seine Identität nicht abhängig war von dem, was Er tat, sondern von dem, was Sein Vater über Ihn sagte.

Genauso sollte es auch bei uns sein.

Wie wir gerade in Johannes 13 Vers 17 gelesen haben, ist uns gesagt, dass, wenn wir diese Dinge wissen, wir dann glückselig sein werden, wenn wir sie in die Praxis umsetzen.

Meine Freunde, wir können viele Dinge über Jesus wissen. Aber wenn wir nicht seine Nachahmer sind, werden wir auch niemals mit der übernatürlichen Freude leben, die für uns vorgesehen ist.

Ebenfalls müssen wir uns dieser Frage stellen : „Haben wir gelernt, auf Jesus zu hören ? "

Als Petrus, Johannes und Jakobus Jesus auf den Berg der Verklärung begleiteten, war es der Vater höchstpersönlich, der sie darum bat, auf Jesus zu hören.

Es geschah aber ungefähr acht Tage nach diesen Worten, dass er Petrus und Johannes und Jakobus zu sich nahm und auf den Berg stieg, um zu beten. Und es geschah, während er betete, wurde das Aussehen seines Angesichts anders und sein Gewand strahlend weiß. Und siehe, zwei Männer redeten mit ihm, das waren Mose und Elia ; die erschienen in Herrlichkeit und redeten

Was ist ein Jünger?

von seinem Ausgang, den er in Jerusalem erfüllen sollte. Petrus aber und seine Gefährten waren vom Schlaf übermannt. Als sie aber erwachten, sahen sie seine Herrlichkeit und die zwei Männer, die bei ihm standen. Und es geschah, als diese von ihm scheiden wollten, da sprach Petrus zu Jesus: Meister, es ist gut, dass wir hier sind; so lass uns drei Hütten bauen, dir eine, Mose eine und Elia eine! Und er wusste nicht, was er sagte. Während er aber dies redete, kam eine Wolke und überschattete sie. Sie fürchteten sich aber, als jene in die Wolke hineinkamen. Und eine Stimme kam aus der Wolke, die sprach: Dies ist mein geliebter Sohn; auf ihn sollt ihr hören! (Lk, 9,28-35)

Die Bedeutung von „hören" ist hier anders als die Bedeutung von „jemanden zuhören". Wir können hören, ohne darauf zu reagieren, was die Person sagt. Darauf „hören" heißt hier, dem gehorsam zu sein, was wir hören.

Dies ist das erste Gebot: „Höre Israel!" (Im Sinne von: auf etwas hören)

Ein weiterer Text, den ich sehr gerne mag, ist der von Martha und Maria:

Es begab sich aber, als sie weiterreisten, dass er in ein gewisses Dorf kam; und eine Frau namens Martha nahm ihn auf in ihr Haus. Und diese hatte eine Schwester, welche Maria hieß; die setzte sich zu Jesu Füßen und hörte seinem Wort zu. Martha aber machte sich viel zu schaffen mit der Bedienung. Und sie trat herzu und sprach: Herr, kümmerst du dich nicht darum, dass mich meine Schwester allein dienen lässt? Sage ihr doch, dass sie mir hilft! Jesus aber antwortete und sprach zu ihr: Martha, Martha, du machst dir Sorge und Unruhe um vieles; eines aber ist Not. Maria aber hat das gute Teil erwählt; das soll nicht von ihr genommen werden! (Lk 10,38-42)

Dieser Text ist sehr aufschlussreich für uns, die wir in einer Gesellschaft leben, in der wir nicht danach beurteilt werden, wer wir sind, sondern demzufolge, was wir tun.

Wir können aus dieser Geschichte starke Lehren ziehen : Ich werde mich nicht daran aufhalten, aber möchte dennoch kurz einige wenige Punkte herausstellen, die mir als sehr wichtig für uns erscheinen und über die es sich zu meditieren lohnt !

- Martha tut Dinge, um die Jesus sie nicht gebeten hat.
- Sie ist enttäuscht von Jesus.
- Sie gibt Jesus Befehle.
- Jesus sagt ihr, dass es Maria ist, die das gute Teil erwählt hat.

Wir können vielen religiösen Aktivitäten nachgehen und enttäuscht sein, dass Jesus sie nicht segnet. Stattdessen wäre es so viel einfacher, auf Jesus zu hören und zu tun, was Er von uns fordert. Das würde Er zweifellos segnen.

Nachdem wir nun den Grundstein für Jüngerschaft gelegt haben, nämlich die Beziehung mit Gott, werden wir zum zweiten Schritt übergehen : Ein Menschenfischer sein.

Um Seelen zu gewinnen, ist es wichtig, Zeugnis zu geben.

Wem sollen wir Zeugnis geben ?

Wir müssen den Menschen Zeugnis geben, die Gott uns aufs Herz gelegt hat. Wir müssen beten, dass Gott sie uns zeigt. Meistens handelt es sich um Menschen, zu denen wir bereits eine Beziehung haben.

Woraus unser Zeugnis bestehen sollte ?

Was ist ein Jünger?

Es ist in der Tat sehr leicht, Zeugnis zu geben, aber weniger leicht zu wissen, wovon man Zeugnis geben soll.

Im Grunde genommen sollen wir unsere eigene Geschichte bezeugen! Und unsere Geschichte setzt sich aus drei Teilen zusammen:

- Der erste Teil ist unser Leben, bevor wir Christus kannten.
- Im zweiten Teil geht es darum, wie wir zu Christus gekommen sind.
- Der dritte Teil ist das, was Christus in unserem Leben getan hat und was daraus folgte. (Freude? Ruhe? Ermutigung? Heilung? ...)

Verschriftlichen Sie diese Punkte, erzählen Sie Ihre Geschichte so, dass sie nicht langweilig ist und lernen Sie sie.

Ist das einmal erledigt, lesen Sie sich das, was Sie aufgeschrieben haben, fünfmal laut vor. Das wird Ihnen dabei helfen, sich Ihr Zeugnis einzuprägen.

Um sich zu üben, suchen Sie sich einen Partner, dem Sie ihr Zeugnis mitteilen. Bitten Sie ihn, sich gedanklich in die Lage einer unbekehrten Person hineinzuversetzen.

Er oder sie wird Ihnen dann dabei helfen, Ihr Zeugnis zu analysieren und Ihnen sagen können, ob es für eine nicht bekehrte Person verständlich ist und wie Sie es noch verbessern können.

Jüngerschaft ist vor allem beziehungsorientiert, Beziehung zu Gott, zu anderen Jüngern und zu den Menschen aus der Welt.

In einem späteren Buch werde ich noch näher auf dieses bedeutsame Thema eingehen. Als ich die Leute, die ich ausbilde, hierüber lehrte, führte es zu sehr viel innerer Heilung.

Demzufolge, was wir gerade gemeinsam behandelt haben, ist ein Jünger eine Person, die wiedergeboren sein muss, die Jesus nachfolgt, die Ihm gehorcht, die ihn nicht allein als Erlöser, sondern auch als Herrn anerkannt hat, das heißt, dass sie unter der Herrschaft Jesu lebt, eine Person, die gute Beziehungen zu anderen Jüngern hat, eine Person, die sich von Jesus und anderen Jüngern belehren lässt und Seelen dazugewinnt.

Mit dem Risiko, dass ich mich wiederhole (doch ist nicht gerade Wiederholung essentiell beim Lehren ?), werde ich das Thema dieses Kapitels noch einmal aus einem anderen Blickwinkel vertiefen :

Als Jesus aber am See von Galiläa entlangging, sah er zwei Brüder, Simon, genannt Petrus, und dessen Bruder Andreas ; die warfen das Netz in den See, denn sie waren Fischer. Und er spricht zu ihnen : Folgt mir nach, und ich will euch zu Menschenfischern machen ! Da verließen sie sogleich die Netze und folgten ihm nach. Und als er von dort weiterging, sah er in einem Schiff zwei andere Brüder, Jakobus, den Sohn des Zebedäus, und dessen Bruder Johannes, mit ihrem Vater Zebedäus ihre Netze flicken ; und er berief sie. Da verließen sie sogleich das Schiff und ihren Vater und folgten ihm nach. (Mt. 4,18-22)

Was ist ein Jünger?

In diesem Abschnitt ruft Jesus die Leute dazu auf, ihm nachzufolgen, und die Antwort erfolgt in drei aufeinander aufbauenden Schritten :

- Jesus ruft mich persönlich.
- Ich vertraue ihm und beginne Ihm nachzufolgen, auch wenn ich noch nicht alles verstehe. **Das nennt man Glauben.**
- Ich folge ihm, indem ich meinen Vater und mein Boot hinter mir lasse (das meint in diesem Zusammenhang die Lebensweise, die ich von meiner Familie übernommen habe, das Boot steht für mein altes Leben).

Jesus selbst, gibt uns eine Definition eines Jüngers : „Jesus sprach nun zu den Juden, die ihm geglaubt hatten : Wenn ihr in meinem Wort bleibt, so seid ihr wahrhaft meine Jünger ; und ihr werdet die Wahrheit erkennen, und die Wahrheit wird euch frei machen." (Joh. 8,31-32)

Nach diesem Text ist ein Jünger also eine Person, die im Worte Gottes bleibt. „Bleibt in meinem Wort" heißt nicht nur, die Bibel zu lesen - was an sich gut ist - sondern es meint v.a. zu hören und darauf zu hören, was Jesus uns sagen will und ihm zu gehorchen.

Dies hat zur Folge, dass wir die WAHRHEIT kennen werden und, dass diese WAHRHEIT uns frei machen wird.

Wenn wir Sein Wort halten, treten wir ein in eine geistliche Veränderungsdynamik, was wir der Wahrheit zu verdanken haben, weil sie lebendig ist.

Ein Jünger ist eine Person, die in das Ebenbild Ihres Herrn hineinwächst.

Das Wort Gottes erwähnt verschiedene Stufen des christlichen Wachstums. Es ist von geistlichen Babys, Kindern, Jugendlichen sowie Vätern und Müttern in Christus die Rede.

Ich werde diese Thematik in einem späteren Buch entfalten sowie die verschiedenen Eigenschaften der einzelnen Reifegrade beleuchten. Das wird Ihnen dabei helfen zu erkennen, wo Sie stehen, aber auch, wo die Menschen stehen, die Sie in der Jüngerschaft ausbilden.

So wie man im Natürlichen einem Baby kein Steak geben kann, kann man dies auch im Geistlichen nicht tun.

Wachstum im Natürlichen ist ganz normal. Dasselbe gilt auch im Geistlichen : Es ist normal, dass Christus mehr und mehr Platz in Ihrem Leben einnimmt.

Ein weiterer Punkt, den ich vorhin bereits erwähnt habe, sind die Beziehungen zu anderen Jüngern, die wahre Beziehungen sein sollten. Ich werde erklären, was ich damit meine :

Wahre Jüngerschaftsbeziehung ist eine tiefe Beziehung mit anderen Jüngern, vor denen wir unser Herz öffnen, uns verletzbar machen und zugeben können, dass wir stets belehrbar sind. Und all das beruhend auf völliger Gegenseitigkeit.

Wir können uns nackt zeigen, ohne uns zu schämen, wie Adam und Eva vor dem Sündenfall. Mit den Worten „uns nackt zeigen", meine ich, dass wir uns ohne Maske zeigen können, ohne Heuchelei, transparent und verletzbar. Und dies, ohne irgendeine Scham zu haben, weil wir wissen, dass wir geliebt sind und unsere Identität in Christus kennen.

In dieser Art der Beziehung können wir uns, wenn nötig, auch von den Anderen verbessern und korrigieren lassen.

Was ist ein Jünger?

Da es zu dem Thema „Beziehungen" viel zu sagen gibt, werde ich im nächsten Buch ein ganzes Kapitel diesem Thema widmen.

Ein weiterer Punkt, den ich ansprechen möchte, ist, dass ein Jünger Jesus mehr liebt als alles andere. „Wenn jemand zu mir kommen will, muss er alles andere zurückstellen – Vater und Mutter, Frau und Kinder, Brüder und Schwestern, ja sogar sein eigenes Leben ; sonst kann er nicht mein Jünger sein." (Lk. 14,26)

Und sich selbst verleugnen : „Wer nicht sein Kreuz trägt und mir auf meinem Weg folgt, der kann nicht mein Jünger sein." (Lk. 14,27)

Sein Kreuz auf sich zu nehmen wird ebenfalls in einem folgenden Buch vertiefend behandelt werden. Dennoch möchte ich an dieser Stelle kurz, um Ihnen zu helfen, eine Definition mitgeben, die ich sehr mag und in einem der Bücher von Derek Prince gelesen habe. Er sagt :

Das Kreuz ist der Ort, an dem wir - wenn unser Wille konträr zu Gottes Willen ist - unseren Willen freiwillig Seinem unterwerfen.

Ich würde dem noch hinzufügen, dass wir es durch die Liebe zu Gott tun. Es scheint mir wichtig, dies zu erwähnen, da wir ohne die Liebe Gefahr laufen, gesetzlich und stolz zu werden, obwohl doch alles Gnade ist.

Jesus gibt uns in den folgenden beiden Abschnitten ein wunderbares Beispiel dafür :

Und er sprach : Abba, Vater ! Alles ist dir möglich ; nimm diesen Kelch von mir ! Doch nicht, was ich will, sondern was du willst ! (Mk. 14,36)

Und sprach : Vater, wenn du willst, nimm diesen Kelch von mir weg - doch nicht mein Wille, sondern der deine geschehe ! (Lk. 22,42)

In einem der schwierigsten Momente seines Lebens betet Jesus zu Seinem Vater. Genauso ist es auch für uns wichtig, Gott als unseren Vater zu kennen und die Leute, die wir trainieren, zu dem gleichen Verständnis zu führen.

Jesus bittet uns, unser Leben für die anderen zu geben. Alles, worum Jesus uns bittet, hat Er bereits im Voraus getan.

Erinnern Sie sich daran, dass Jesus unser perfektes Vorbild ist.

Paulus, der ein Nachahmer Christi war, ruft uns auf, seinem Beispiel in all dem zu folgen, wo wir Christus in Ihm sehen. „So, in Liebe zu euch hingezogen, waren wir willig, euch nicht allein am Evangelium Gottes, sondern auch an unserem eigenen Leben Anteil zu geben, weil ihr uns lieb geworden wart." (1. Thess. 2,8)

Ein Jünger zu sein heißt, die gleichen Werke zu tun wie Jesus. „Wahrlich, wahrlich, ich sage euch : Wer an mich glaubt, der wird die Werke auch tun, die ich tue, und wird größere als diese tun, weil ich zu meinem Vater gehe." (Joh. 14,12)

Und schließlich, ich wiederhole mich, gewinnt ein Jünger Seelen für Christus. „Und er spricht zu ihnen : Folgt mir nach, und ich will euch zu Menschenfischern machen ! " (Mt. 4,19)

Anhand der Evangelien können wir erkennen, was Jesus seinen Jünger übertragen wollte.

Was mir am Wort Gottes gefällt, ist, dass es sowohl von den Erfolgen als auch Misserfolgen der Jünger berichtet. Dies sollte

Was ist ein Jünger?

uns ermutigen, weil das bedeutet, dass Jesus Menschen wie Sie und mich mit ihren Fähigkeiten, aber auch mit ihren Problemen, schlechten Absichten und auch Fehlern ausgewählt hat.

Wenn man die Evangelien liest, ist es erstaunlich zu sehen, welch eine Liebe, welch eine Geduld Jesus seinen Jüngern entgegengebracht hat.

Da er unser Vorbild ist, fokussieren wir uns auf Jesus und sehen ihn, wie Er ist, und dadurch erkennen wir unsere Verfehlungen und, dass wir Seine Gnade in unserem Leben brauchen.

Rufen Sie sich auch in Erinnerung, dass die Haltung Jesu gegenüber uns dieselbe ist, wie die, die er gegenüber seinen Jüngern hatte.

Ein weiterer wichtiger Bereich, den ich ansprechen möchte, ist, dass Frauen genauso wie Männer dazu berufen sind, Jünger zu sein. Ich sage dies, weil ich von dem Amt der Frau überzeugt bin. Ich werde mich nicht an dieser Thematik aufhalten, möchte Sie aber mit Hilfe von ein paar Fragen dazu einladen, darüber nachzudenken:

Ist der Heilige Geist, der in einem Mann wirkt, ein anderer als der, der in einer Frau wirkt?

Wie hoch ist der prozentuale Anteil von Frauen in der Gemeinde? Wer profitiert davon, wenn man ihnen das Lehren verbietet?

Wenn man ihnen nicht den Dienst an Erwachsenen erlaubt, wieso wird Frauen dann erlaubt, in der Sonntagsschule zu dienen und unsere Kinder zu lehren? Soll das bedeuten, dass die Kinder weniger wert sind als die Erwachsenen?

Ich ging früher in eine Kirche, die sich gegen das Amt der Frau positionierte. Eines Tages wurde dort in der Nähe eine neue Kirche aufgemacht, und es stellte sich heraus, dass der Pastor dieses neuen Gotteshauses eine Frau war.

Aus Neugierde begab ich mich in diese Kirche. Während des Lobpreises öffnete Gott mir die Augen und ich sah eine Wolke in der Kirche. Ich glaube, dass es die Herrlichkeit Gottes darstellte.

Auf dem Heimweg fragte ich den Herrn, wie Er über das Amt der Frau denkt. Er antwortete mir mit dem Vers, der gleich folgt. Ich möchte darauf hinweisen, dass ich gerade neu bekehrt war und die Heilige Schrift noch nicht so gut kannte.

Denn ihr alle seid durch den Glauben Söhne Gottes in Christus Jesus ; denn ihr alle, die ihr in Christus hinein getauft seid, ihr habt Christus angezogen. Da ist weder Jude noch Grieche, da ist weder Knecht noch Freier, da ist weder Mann noch Frau ; denn ihr seid alle einer in Christus Jesus. (Gal. 3,26-28)

Für mich war klar, dass eine wiedergeborene Person lehren kann, ganz egal, ob es sich dabei um einen Mann oder eine Frau handelt.

Eine der Charaktereigenschaften eines Jüngers ist es, belehrbar, flexibel zu sein.

Wir müssen bereit sein, unsere Überzeugungen zu prüfen und zu hinterfragen. Und das können wir nur tun, wenn unsere Sicherheiten nicht allein auf unserem Glauben beruhen.

Wir müssen in Liebe verwurzelt und demütig genug sein, um dies – wenn wir uns geirrt haben – erkennen zu können.

Was ist ein Jünger?

Geliebte, ist das, was Sie glauben, die Frucht einer Offenbarung oder ist es die Frucht einer Lehre, die Sie von einer Person oder einer Konfession gehört haben?

Lasst uns nicht vergessen, dass die Lehre, die im Vordergrund stehen soll, diejenige ist, die vom Geist empfangen wird. Welch ein Privileg ist es, zu wissen, dass es die persönliche Beziehung zum Geist ist (die wir mit ihm entwickeln), die es ihm erlauben wird, uns durch Offenbarungen zu lehren.

Daher ist eine der Grundlagen von Jüngerschaft das Wort Gottes, wie es auch Jesus selbst gesagt hat.

Dann sagte Jesus zu den Juden, die an ihn glaubten: Wenn ihr euch mit dem Wort verbindet, das ich euch verkündigt habe, seid ihr wahrhaftig meine Jünger. (Joh. 8,31; frei übersetzt aus dem Französischen)

Jesus sprach nun zu den Juden, die ihm geglaubt hatten: Wenn ihr in meinem Wort bleibt, so seid ihr wahrhaft meine Jünger. (Joh. 8,31; ELB)

Jesus sagte zu den Juden, die zum Glauben an ihn gekommen waren: Wenn ihr bei dem bleibt, was ich euch gesagt habe, und euer Leben darauf gründet, seid ihr wirklich meine Jünger. (Joh. 8,31; GNB)

Ich habe hier verschiedene Übersetzungen aufgeführt, damit wir diesen grundlegenden Text wirklich gut verstehen, da es darum geht, wie man Jünger ausbildet.

Was bedeutet es konkret, in Seinem Wort zu bleiben?

Die Bibel ist das lebendige Wort Gottes. Sie offenbart uns Jesus, gibt uns theoretische Ratschläge und zeigt uns, wie man diese praktisch umsetzt. Sie offenbart uns, wer Gott ist und was Seine Gedanken sind. Sie ist unser tägliches Brot, um Seinen Willen zu kennen und danach zu leben.

Der folgende Vers gibt uns noch ausführlichere Informationen über das Bleiben in Seinem Wort.

Wenn ihr in mir bleibt und meine Worte in euch bleiben, dann bittet um alles, was ihr wollt, und es wird euch zuteil werden. Dadurch wird mein Vater verherrlicht, dass ihr viel Frucht bringt und meine Jünger werdet. Wie mich der Vater geliebt hat, so habe ich euch geliebt. Bleibt in meiner Liebe ! Wenn ihr meine Gebote haltet, werdet ihr in meiner Liebe bleiben, so wie ich die Gebote meines Vaters gehalten habe und in seiner Liebe bleibe. (Joh. 15,7-10)

Gott gibt uns ein Versprechen, nämlich dass uns alles bewilligt werden wird, wenn wir in Seinem Wort bleiben und Sein Wort in uns bleibt.

Das Ergebnis wird sein, dass wir Frucht bringen und dass dadurch der Vater verherrlicht wird.

Jesus liebt uns und er ruft uns dazu auf, in Seiner Liebe zu bleiben. Er sagt uns auch, wie wir das tut können : Indem wir Seinen Geboten gehorchen.

Das Bleiben in Seiner Liebe ist eng verbunden mit dem Bleiben in Seinem Wort, wie es auch der folgende Vers zeigt :

Derjenige, der mich wirklich liebt, ist derjenige, der meine Gebote behält und sie befolgt. Mein Vater wird den lieben, der mich liebt ; auch ich, ich werde ihm meine Liebe zeigen und mich ihm zu erkennen geben. (Joh. 14,21 ; frei übersetzt aus dem Französischen)

Was ist ein Jünger?

Jetzt werden wir ein paar Gedanken, über die Definition eines Jüngers, betrachten, um so den Auftrag tiefgründiger verstehen zu können, den Jesus an jeden Christen richtet.

Ein Jünger zu sein bedeutet, Jesus nachzufolgen.

Ein Jünger zu sein heißt : Lernen, mit Gott zu leben und anderen beizubringen, dasselbe zu tun. Dies tun wir, indem wir einerseits selbst ein Beispiel sind und andererseits, indem wir ihnen die Lehre weitergeben.

Ein Jünger zu sein und Jünger zu machen ist eine Vision, die es wert ist, unser Leben dafür zu opfern.

Ein Jünger ist eine Person, die ihr Leben mit Gott und anderen Jüngern teilt.

Ein Jünger ist eine Person, die Gott und ihren Nächsten liebt. Der Beweis dieser Liebe ist, dass man bereit ist, sein Leben für die anderen zu lassen.

Ein Jünger ist eine Person, die im Glauben lebt. Sie weiß, dass sie zu nichts in der Lage ist, aber dass Gott durch sie zu allem fähig ist.

Ein Jünger ist eine Person, die in der Liebe wächst und anderen dabei hilft, das Gleiche zu tun.

Ein Jünger ist jemand, der in der Heiligung wächst. Er verändert sich stetig.

Ein Jünger ist eine von Gott bestätigte Person, die sich reproduziert.

Ein Jünger ist eine Person, die das Reich Gottes ausbreitet.

Ein Jünger ist eine Person, die es gelernt hat, die Stimme Gottes zu hören und Seinen Anweisungen zu folgen.

Wenn Jesus eine Person ruft, will Er, dass diese Person ein Jünger wird, was bedeutet, dass sie zu Ihm kommt und sich selber stirbt.

Ein Jünger ist eine Person, die sich freiwillig der Souveränität Gottes und Seinen Werten untergeordnet hat.

Ein Jünger zu sein bedeutet, dazu gerufen zu sein, zu Jesus zu kommen, um Ihm zu gehorchen, um Ihm zu dienen, um ein einfaches Leben zu führen, um mit Ihm zu leiden und sich mit Ihm zu freuen.

Ein Jünger zu sein bedeutet, gelehrt und trainiert zu werden, um Jesus ähnlich zu sein und um die gleichen Werke zu tun, die Er getan hat.

Ein Jünger ist jemand, der Beziehungen zu anderen aufbaut. Er wird persönliche Beziehung zu ihnen haben, er wird sein Leben mit ihnen teilen, sie lehren und trainieren, damit sie so werden wie Er.

Alles, was den Jünger betrifft, ist im folgenden Vers zusammengefasst:

Kein Jünger steht über dem Meister. Jeder aber wird, wenn er ausgebildet ist, sein wie sein Meister. (Lk. 6,40)

Dabei geht es nicht nur um Lehre, sondern um Training, um Charakter.

Es geht darum, das gleiche Denken, das gleiche Paradigma zu haben, damit sich der gleiche Charakter manifestiert.

Was ist ein Jünger?

Pastor Charles Haddon Spurgeon, dem man den Beinamen „Prinz der Prediger" gegeben hat, sagte, dass die Ausbildung von Jüngern eine seiner Hauptbeschäftigungen sei. Lasst uns von Männern wie ihm lernen.

Zum Abschluss dieses Kapitels möchte ich Ihnen jeglichen Druck nehmen, den die Anforderungen von Jüngerschaft auf Sie legen könnten.

Sagen Sie sich selbst, dass Sie es nicht alleine schaffen. Das ist unmöglich.

Aber Jesus in uns wird es tun. Lasst uns lernen, Ihn in uns leben zu lassen, denn ohne Ihn können wir nichts tun.

Das ist das Erfolgsgeheimnis vom Dienst des Apostel Paulus. Er spricht davon im nachfolgenden Vers:

So lebe also nicht mehr ich selbst, sondern Christus lebt in mir; was ich jetzt aber noch im Fleisch lebe, das lebe ich im Glauben an den Sohn Gottes, der mich geliebt und sich selbst für mich dahingegeben hat. (Gal. 2,20)

Ich ermutige Sie, jetzt damit zu beginnen. Wir haben alle etwas, was wir weitergeben und andere lehren können. Beten und fragen Sie den Herrn, Ihnen zu zeigen, mit wem Sie anfangen sollen.

Ein Jünger ist jemand, der lernt. Sie müssen also einen Mentor finden, der es gewohnt ist, Jünger zu machen und der Ihnen beibringen kann, dasselbe zu tun.

Ein letzter wesentlicher Punkt: Wenn wir Jünger Jesu machen, sollten wir immer im Hinterkopf behalten, dass wir den

Menschen beibringen müssen, sich auf Ihn und nicht auf uns zu verlassen.

Was hat der Herr Ihnen durch dieses Buch gesagt ?

Wann werden Sie es in die Praxis umsetzen ?

Wem werden Sie Rechenschaft dafür geben ?

Diese drei Fragen sind wichtig in Jüngerschaft, denn sonst werden wir vergessliche Zuhörer formen, mit viel Wissen, aber wenig praktischer Umsetzung.

In dem nächsten Buch dieser Reihe werden wir Jüngerschaft auf praktische Weise vertiefen.

Ich werde viele praktische Beispiele weitergeben, damit Sie ein vollendeter Jünger werden und viel Frucht bringen, damit der Vater verherrlicht wird.

Seien Sie reichlich gesegnet !

Vielen Dank, dass Sie dieses Buch gelesen haben.

Wir haben gesehen, dass Gott uns das Privileg gegeben hat, uns in das Leben anderer Menschen zu investieren, um sie zu Jüngern zu machen.

Die Priorität im Leben Jesu war es, Jünger zu machen, also soll Seine Priorität auch unsere Priorität sein.

Wir haben gesehen, dass Jünger zu machen nicht einfach eine gute Idee, sondern eine göttliche Idee ist. Nach dem, was wir in diesem Buch behandelt haben, sind wir uns bewusst, dass wir keine Jünger mit unseren eigenen Fähigkeiten machen können,

Was ist ein Jünger?

deshalb hat Jesus uns Seine Autorität übertragen, damit wir den Auftrag erfüllen können.

Wir lehren die Menschen nicht auf der Grundlage menschlicher Ideen oder Prinzipien, sondern auf der Grundlage des Wortes Gottes.

Jesus wohnt in uns, lassen wir ihn in uns und durch uns leben, so werden wir wie der Apostel Paulus sagen können: „Folgt meinem Beispiel, wie auch ich dem Beispiel Christi folge!" (1. Kor. 11,1)

Paulus sagt seinen Jüngern: Da, wo ihr Christus in mir seht, ahmt mich nach.

Bitten Sie den Geist Gottes, Ihnen Menschen zu senden, die Sie zu Jüngern ausbilden können.

Gott ruft uns nicht zu warten, sondern zu gehen.

Jünger zu machen erfordert einen Einsatz Ihrerseits, aber genauso auch von der Person, die Sie formen, es braucht Treue, die auf Gegenseitigkeit beruht.

Erinnern Sie sich daran, dass Jesus mit seinen Jüngern zusammen war, Er bot ihnen die Stirn, Er lehrte sie, Er war ein Vorbild für sie, Er betete für sie, tun Sie dasselbe!

Los geht's, machen Sie Jünger und bringen Sie Frucht.

In den nächsten Büchern dieser Reihe werde ich über verschiedene Grundlagen des Reiches Gottes lehren, diese können Sie dann an die Menschen, die Sie trainieren, weitergeben.

WWW.HMTRANSFORMATION.DE